MW01033479

ALQUIMIA PARA EL ÉXITO

ROBERTO PALAZUELOS

ALQUIMIA PARA EL ÉXITO

GUÍA PARA EMPRENDEDORES

AGUILAR

AGRADECIMIENTOS

A mi padre, el licenciado Roberto Palazuelos Rosenzweig, por haberme dado el mejor consejo: «Hijo, nunca pienses que el tren de la oportunidad se detendrá dos veces ante ti. Si lo dejas ir, puede que nunca vuelva».

A mi hijo, Roberto Palazuelos Garza, porque desde antes de nacer fue y ha sido el motor y la fuerza de inspiración que me impulsan para construir un legado que, estoy seguro, disfrutarán mis siguientes generaciones.

INTRODUCCIÓN

En lugar de intentar ser un hombre de éxito, busca ser un hombre valioso, lo demás llegará naturalmente.

Este libro está dirigido a cualquier persona, de cualquier edad, que quiera tener su propio negocio y que quiera contribuir a la generación de empleos, a la creación de nuevas ideas y conceptos. Es para quienes desean dar para ganar y alcanzar una meta global: en lo personal, profesional y espiritual.

Vamos a hablar de dinero, de abogados, contratos, recursos humanos, socios, espiritualidad, compromiso, naturaleza y aprendizaje, porque el éxito no se guarda en el banco, sino que vive en el equilibrio de una vida en paz: algo que yo llamo **Alquimia Espiritual**. En estas páginas hablaremos sobre todo lo que puedas imaginar cuando comienzas una empresa, pero también de términos como ética y honorabilidad; es decir, estar en armonía con tu entorno, con tu gente y con tu conciencia. Emprender es para los valientes y para los visionarios. Si no te avientas a nadar para cruzar al otro lado del río, te vas a quedar varado siempre.

Emprender en un país como México es importantísimo, pues así llenamos el entorno con nuevas ideas. La gente ya está harta de tanto cemento, de tantos edificios; está volteando hacia conceptos alternativos que convivan con la naturaleza y le devuelvan al Universo. Hay que entender muy bien el nicho de oportunidad al que te diriges y pegarle con conciencia.

La duda y el miedo son los enemigos a vencer; sin embargo, no dejes de escucharlos, son normales. Cuando entras a emprender sin miedo o sin duda, piensas que eres Juan Camaney y que tienes todo, y entonces puedes cometer errores que te llevarán a perder tu negocio y tu inversión, y si es la primera vez que te lanzas al ruedo, un fracaso podría ser psicológicamente catastrófico.

Nadie nace sabiendo, un empresario exitoso se equivoca para después acertar. La necesidad y la sed son la madre de todo, pero son muy distintas a la ambición. Cuando no tienes pasión, no le echas tantas ganas. De la necesidad nace todo, pero sin desesperación. Parte el pastel siempre, que ganen los empleados, que ganen los socios, que gane la gente, paga tus impuestos de manera justa. El ser derecho es sumamente importante, porque si no, la vida te va a cobrar siempre la factura.

En pocas palabras, este libro habla sobre cómo ser fiel contigo mismo y permear esa confianza hacia tu negocio, para así lograr la *Alquimia para el éxito*.

ÍNDICE

ALQUIMIA ESPIRITUAL

Si tú le das al Universo, éste te regresará el doble. Es increíble entender un concepto de tal magnitud. Algunos lo llaman karma, otros Dios; no importa cómo lo concibas, ahí está.

El pilar sobre el que se sostiene este libro es la **Alquimia Espiritual**, algo que muy poca gente maneja. El dinero es una energía, el éxito es una energía. Como decía María Félix cuando le preguntaban si ella tenía suerte: «La suerte es un estado mental». La **Alquimia Espiritual** es entender que todo proviene de una fuente suprema. No tiene que ver con religión, sino con espiritualidad.

Hacer el bien parece una cosa obvia, pero hoy en día se pasa de largo, y en los negocios mucho más, ya que la ambición y el egoísmo producen ceguera.

Es importante asimilar que los pensamientos son poderosos y permean hacia tus acciones.

SI TIENES EMOCIONES BUENAS, ÉSTAS INUNDARÁN TU MUNDO. SI SON POSITIVAS, TENDRÁS ÉXITO.

REGLAS DE LA ALQUIMIA ESPIRITUAL

Si vas a hacer un negocio, es porque quieres hacer bien a la gente, porque vas a dar algo; entonces, ese negocio nacerá con mucho éxito, porque tu fin no es nada más ganar dinero, sino brindar algo: un buen servicio, un concepto, asesoría, el bienestar para tus empleados. Vas a dar, vas a contribuir a tu sociedad, a tu país, a tu mundo.

Si le quitas al Universo, el Universo te quitará dos veces, es decir, al hacerle una tranza a alguien, pisotear a tus trabajadores, tomar algo que no te corresponde, etcétera, le estás quitando al Universo.

LLEVA LA FRENTE EN ALTO

Si haces las cosas como debe ser, si no haces daño y estás en equilibrio con el Universo, siempre tendrás el poder de resolver cualquier situación y podrás mirar al mundo a los ojos.

MANTÉN EL EGO BAJO CONTROL

Si tu cabeza vive en el *yo*, desperdicias energía de tu espíritu.

Cada vez que tienes un pensamiento negativo o positivo, lo lanzas a la atmósfera, hasta que de repente su peso es tal, que desciende y se manifiesta, ya sea en tu salud, en tu familia, en espíritu y, sí, en tu empresa. Es cierto que vemos a muchas personas tranzas en carrazos y buenos restaurantes, pero tarde o temprano las cosas caen por su propio peso, y si esas cosas son malas, te aplastan, si son buenas, te llevan a las nubes.

No te dejes deslumbrar por lo material, el éxito también consiste en vivir en paz con tu conciencia y saber que no tienes cola que te pisen.

ALQUIMIA SUSTENTABLE

Una palabra que se nos olvida y es esencial en la **Alquimia Espiritual** es «sustentabilidad», es decir, ser bondadosos con el planeta. La Tierra es nuestra casa y hay que cuidarla como podamos, y más si estamos en una industria que genera desperdicios.

SI ESTÁS EN UNA OFICINA, AHORRA PAPEL Y TÓNER, RECICLA Y CUIDA EL CONSUMO DE LUZ ELÉCTRICA.

EN UN HOTEL O RESTAURANTE NO DESPERDICIES INSUMOS NI ALIMENTOS. PODRÍAS DÁRSELOS A LOS NECESITADOS.

EN UNA FÁBRICA ES IMPRESCINDIBLE QUE CUMPLAS CON LAS REGLAS SOBRE EL MANEJO DE DESPERDICIOS TÓXICOS.

SIEMBRA Y COSECHA

Si le entregas tu alma a un negocio, que tu espíritu esté limpio para que la semilla caiga en campo fértil y pueda florecer.

LOS TRES BÁSICOS

Cuando echas a andar una empresa, necesitas ayuda. Aunque creas que tu idea por sí misma va a conquistar el mundo, requiere de una estructura más allá del entusiasmo.

Los tres personajes básicos en una empresa son el abogado, el mercadólogo y el contador. El primero se necesita para dar una estructura legal en la contratación de los empleados, la renta y compraventa de inmuebles, la estructura legal con socios e inversionistas, la protección de tu nombre y el registro de la compañía. El segundo es un experto en el nicho al que te vas a dedicar y la publicidad. El contador te ayudará con los números y los impuestos. Son los tres profesionistas que debes de tener a tu lado. Dependiendo del crecimiento de la empresa requerirás de algunos otros.

BUENOS CIMIENTOS

Protege tus intereses y patrimonio asegurándote de tener buenos consejeros, que sean éticos y compartan tu filosofía de honestidad a toda prueba. Confía en ellos.

Hacer negocios con un plan de marketing a futuro, con una base legal y con una contabilidad adecuada genera estabilidad en la empresa, más allá del éxito aparente de tu idea. No importa si los clientes entran y salen, si tu agenda está repleta de citas y si todo el mundo te elogia.

Sin un abogado, cualquiera te puede jugar chueco o agarrarte mal parado; sin un contador, te pueden comer los impuestos, corres el riesgo de meterte en líos con el fisco o que tu balance entre la entrada y la salida de dinero haga quebrar. Sin un mercadólogo no sabes nada del nicho en el que estás parado.

Que tus tres básicos sean honestos. Un abogado tranza ayuda en apariencia, pero la verdad siempre surge. Un mal contador puede llevarte incluso a la cárcel. Un mercadólogo inepto detendrá tu avance.

Con un blindaje legal eres inmune a demandas, proteges la idea brillante que te lleva al éxito y dormirás tranquilo.

Un buen contador te mantendrá en orden con el gobierno y sabrás que estás retribuyendo a tu país de forma justa.

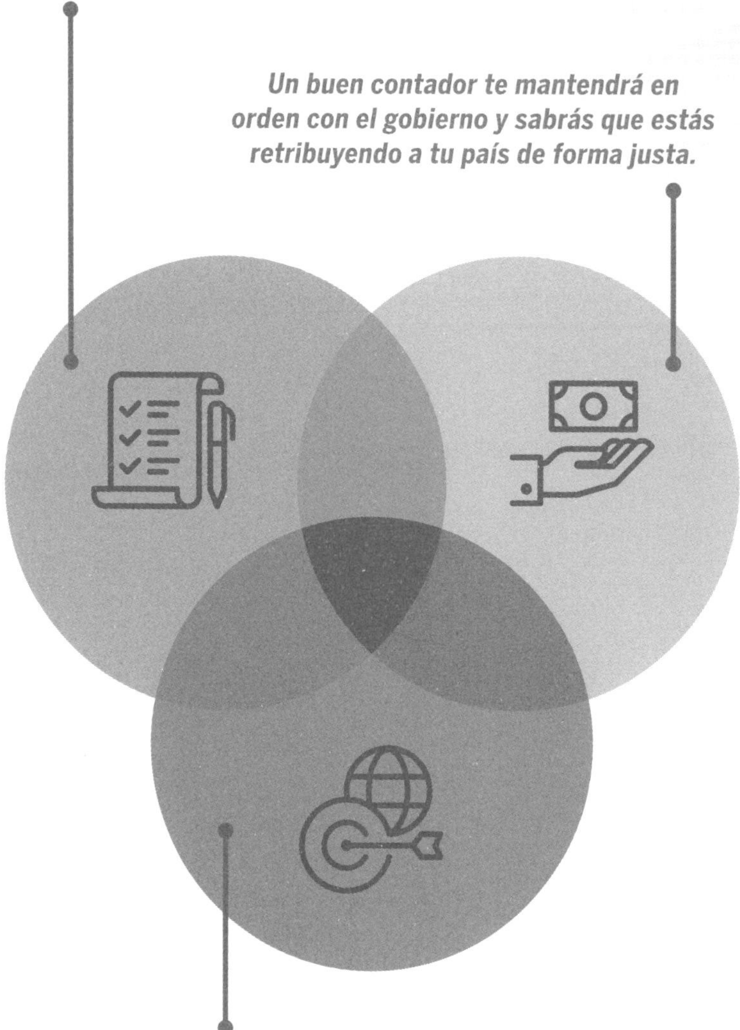

Con un análisis sincero del mercado podrás dejar de estar en las nubes y saber si tu idea es viable en el mundo real.

ANDAMIAJE DE SEGURIDAD

Toda empresa debe estar respaldada por una estructura que le otorgue el blindaje necesario ante cualquier eventualidad. Así como un edificio requiere un esqueleto firme, un alma de vigas y cimientos, emprender precisa, al inicio, de tres elementos básicos:

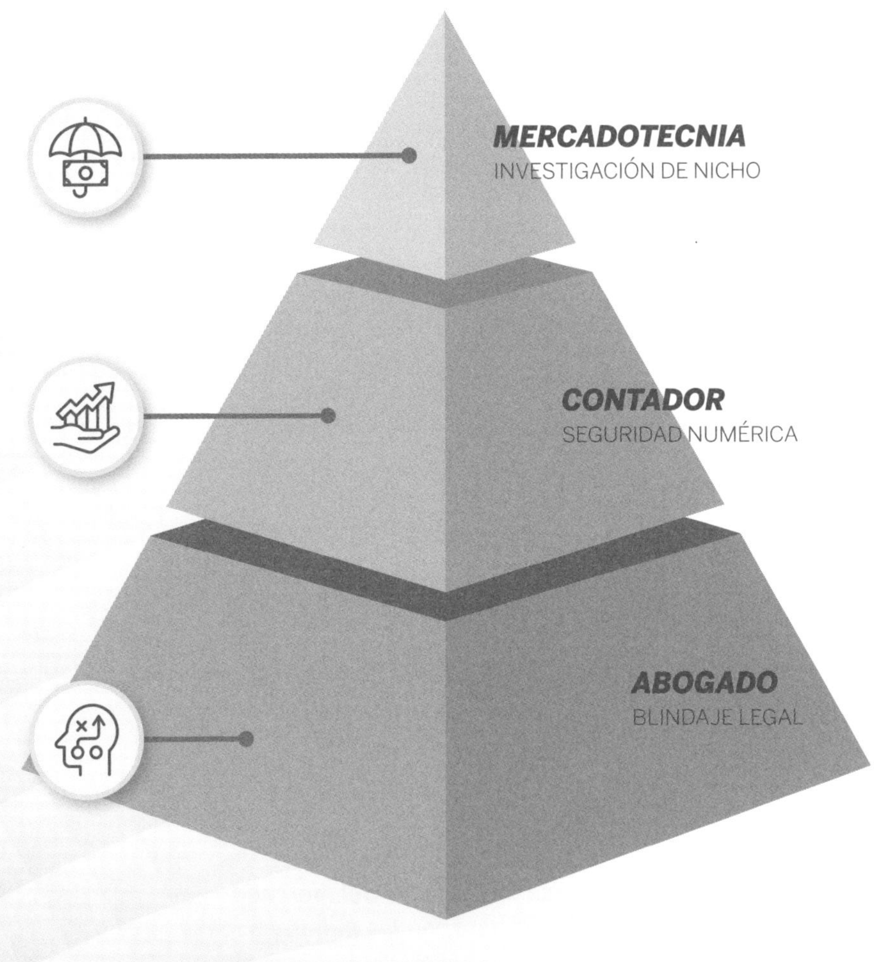

BLINDAJE LEGAL

Un buen abogado, honesto y leal, es la primera medida que debes de tomar al comenzar con tu sueño. No sólo te ayudará a estar protegido, también formalizará los derechos intelectuales de tus ideas, te defenderá ante posibles problemas, verá que tus derechos estén a salvo, te ayudará a constituirte como empresa, preverá eventualidades a futuro y, lo más importante: revisará tus contratos para que estés blindado con socios, empleados, clientes e instituciones de gobierno.

SEGURIDAD NUMÉRICA

El contador traerá el equilibrio entre lo que gastas y lo que ganas, también se asegurará de la salud de tu empresa, detectando problemas o fugas de capital. Te mantendrá al tanto de en qué momento puedes invertir más, cuidando la prudencia financiera. Un aspecto imprescindible son los impuestos, ya que un buen especialista velará por que estés dentro de la ley fiscal, ayudándote con los impuestos que tanto miedo nos dan por ser un tema delicado, no sólo de dinero, sino de responsabilidades que, de no acatarse, pueden hacerte perder todo.

INVESTIGACIÓN DE NICHO

El papel de un mercadólogo suele menospreciarse, pero es esencial si quieres manejar al cien el entorno en el que se desarrolla tu empresa. Él te pondrá al día sobre la competencia, las nuevas tendencias, la inversión en puntos clave de publicidad y hasta de la viabilidad de tus tarifas. Si bien es un trabajo especializado, puedes comenzar haciéndolo tú mismo informándote sobre empresas parecidas, viabilidad de tu servicio o producto e incluso de la zona en donde te vas a establecer.

OTROS PELDAÑOS

Los rubros anteriores son básicos, pero conforme vayas creciendo seguramente necesitarás de algunos otros niveles profesionales, por ejemplo:

RECURSOS HUMANOS

Atenderán las necesidades de tus empleados, su seguridad y la tuya, así como niveles de productividad, salarios y un largo etcétera.

ESPECIALISTA EN REDES

Hoy en día éste es un aspecto importante para mantenerte vivo en los nichos en donde puedes encontrar clientes potenciales. La mejor publicidad siempre es la que se hace de boca en boca, y este factor se potencia con las redes sociales, mucho más rápidas; además, te protegerá haciendo un control de daños en caso de tener algún comentario negativo. ¿Alguna vez has buscado a algún prestador de servicios por internet y no encuentras su dirección o teléfono? Un buen community manager puede ponerte en el mapa y en la lupa de los buscadores virtuales.

INCENTIVOS

Invierte en tus empleados; además de las prestaciones de ley que les corresponden, busca darles un extra, como tarjetas de descuentos, convivencias, cursos de capacitación, seguro de gastos médicos mayores o privilegios en algún gimnasio. No veas esto como un gasto, sino como una manera de sembrar lealtad y bienestar en tus colaboradores. Además, algunos de estos elementos son deducibles de impuestos.

NO ECHES
EN SACO ROTO ESTE
ANDAMIAJE.
Comienza bien
Y
CRECERÁS.
APRENDE
SOBRE CADA
TEMA.

CUANDO
TIENES BUENOS
CIMIENTOS,
TU SUEÑO
puede crecer
HASTA EL CIELO
PARA LOGRAR
TUS METAS.

ANDAMIAJE

No eches en saco roto estos consejos, ya que te permitirán construir un andamiaje sobre el cual seguir creciendo. Estos tres básicos son sólo el comienzo de un futuro prometedor. Después, puedes ir incorporando a la empresa otros departamentos, como el de Recursos Humanos, que te permitirá llevar una mejor relación tanto personal como laboral con tus empleados, de manera que ellos se sientan confiados de que su jefe los apoya.

También puedes pensar en un departamento técnico que te ayude con el mantenimiento de maquinaria o computadoras, y en alguien que maneje redes sociales.

ALQUIMIA PROFESIONAL

Si tus tres básicos están en equilibrio con el Universo, tu negocio se convertirá en un sol que te hará brillar con luz propia.

FRED SMITH

El carismático Frederick Wallace Smith es fundador y CEO de FedEx Corp, antes conocida como Federal Express. A este hombre lo miraban como a un loco porque tuvo una idea: ofrecer entrega de paquetería nocturna. Él creyó en su visión e invirtió todo su dinero en ella.

Para muchos, Fred es la encarnación de la intuición en los negocios y el buen carácter reflejado hacia todo su entorno. El tipo es magnético, motivador y buen jefe. Parece que esta fórmula alquímica le ha funcionado para establecer una de las empresas de envío más grandes del mundo.

FEDEX

En 1971 Fred puso la fortuna familiar de 8 millones de dólares en 14 aviones que viajaban a 25 destinos estadounidenses. Hoy, la empresa se jacta de entregar a cualquier parte del mundo. ¿Se acuerdan de la película *El náufrago*, con Tom Hanks?

Algunos de los conceptos que han llevado a FedEx al éxito son «El miedo a la derrota nunca debe impedir intentar algo nuevo» y «Un líder no es una persona que puede hacer el trabajo mejor que sus empleados, es una persona que puede hacer que sus empleados hagan un trabajo mejor que él».

Éste es un ejemplo de lo que una gran visión y un líder carismático pueden hacer para ganar dinero. Aquí la tiranía queda fuera y todos ganan.

Comparte aquí algo de la filosofía de tu empresa. Sí la tienes, ¿no?

¿QUÉ ES EMPRENDER?

Es tener una idea y llevarla a la realidad. Incluso vender esta idea a otros inversionistas, pero el verdadero emprendedor la ejecuta y se arriesga.

Decidir emprender cuando eres joven puede ser muy difícil. Debes tener un conocimiento previo sobre el nicho de negocio en el que quieres incursionar. Hay que tener cuidado al planear cómo va a funcionar tu idea en el mundo real y rodearte de la gente adecuada. Si además de eso manejas la **Alquimia Espiritual**, ya tienes la mitad del camino andado.

Te vas a enfrentar a personas que no creerán en tu idea. La familia puede ser un primer obstáculo, por ejemplo. Muchos te dirán: «¿Cómo crees? Abundan los lugares de ese estilo». Arriesgarte es fundamental, y para lograrlo hay que tener valentía.

ARRIESGARTE CON PRUDENCIA

Ambas decisiones son de valientes, sólo que en la primera deberás seguir algunas reglas que te iré explicando en este libro para que no cometas errores. No se trata de aventarse como el Borras.

Debes investigar y platicar con emprendedores, empresarios, inversionistas, etcétera. Tienes que conocer las profundidades del mar, a qué hora sube y baja la marea, en qué posición debes caer y a qué velocidad. Estos conocimientos básicos te llevarán a buen puerto.

Convierte tu ambición en un sueño y tu conocimiento en sabiduría para darle al Universo.

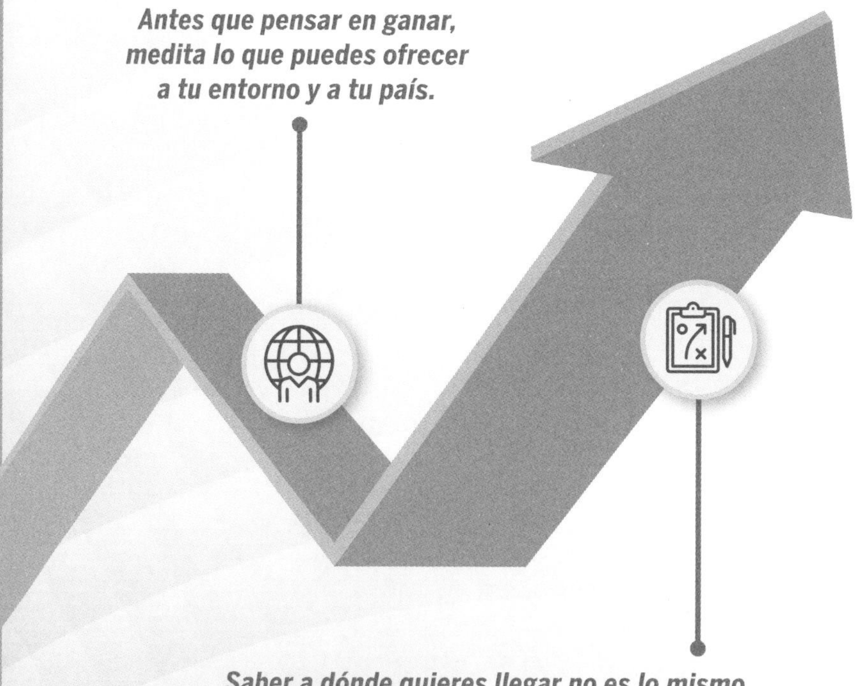

Antes que pensar en ganar, medita lo que puedes ofrecer a tu entorno y a tu país.
Saber a dónde quieres llegar no es lo mismo que planear cómo recorrer el camino.

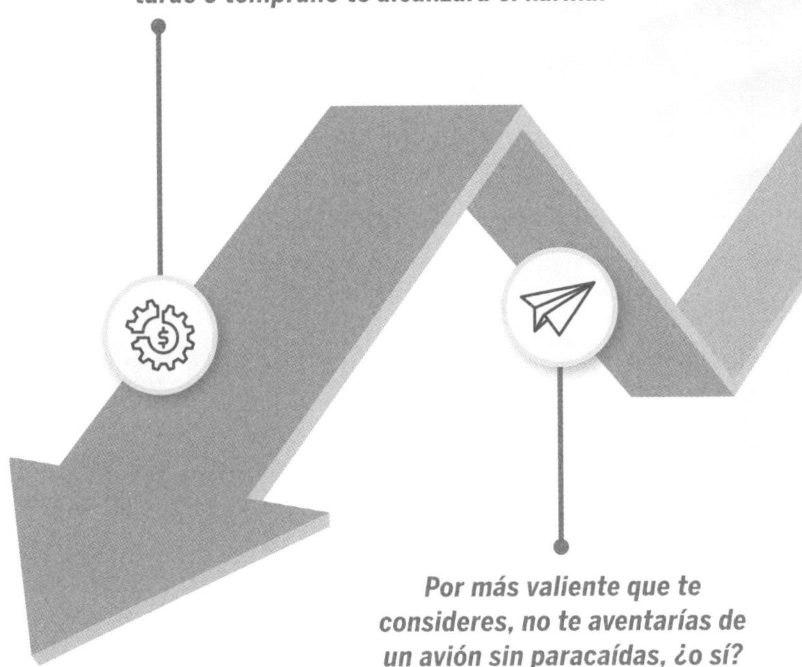

Si comienzas tranzando, dando mordidas y mintiendo, tarde o temprano te alcanzará el karma.
Por más valiente que te consideres, no te aventarías de un avión sin paracaídas, ¿o sí?

EMPRENDEDOR CIEGO

Si no planeas, si pides prestado con intereses altísimos, si vas por ahí embaucando a tus socios, no tienes un buen sustento legal, no pagas impuestos y no conoces tu mercado, no eres valiente, eres un ciego en los negocios y estás destinado a caer al vacío en cuanto el viento sople un poquito más fuerte.

No andes por ahí contándole tu idea a todo el mundo, porque nunca va a faltar alguien que sí tenga la prudencia y el valor, y verás cómo los demás se hacen ricos con lo que tú no supiste hacer bien. Entiende las necesidades de tus clientes para que la realidad no te rebase.

Tú tienes el control de tu destino, no se lo dejes todo a la fortuna.

EL TREN DE LA VIDA

Cuando llegué a Tulum, en 1994, tuve mi primera oportunidad de negocio. Me estaban vendiendo un hotel pequeño. Cuando llegué a ver el predio, el dueño era supuestamente el hermano mayor de dos amigos míos. Antes de dar el anticipo que pedían y de firmar el contrato, investigué en el Registro Público de la Propiedad. Nos dimos cuenta de que él no era el dueño y nos estaba tratando de timar, él en realidad era un arrendador y llevaba dos años sin pagar. Estaban por despojarlo, pues ya traía un juicio de desahucio especial.

Fui a la playa y vi el hotelito en donde íbamos a entrevistarnos con el verdadero dueño. No sabía qué hacer, pues tendría problemas con mis amigos.

Mi papá puso la mano en mi hombro y dijo: «Muchas veces pensamos que las oportunidades llegarán siempre. Imagina que ahí frente al mar se detiene un tren y te abre las puertas. ¡Roberto, es tu subida! ¡El tren se va a ir! Tú no puedes pensar que el tren volverá; tal vez nunca regrese. Éste es el tren que te va a llevar a tu destino y a tu futuro, sólo tú puedes tomar la decisión de subirte...». Mi papá se fue y yo visualicé el tren, imaginé que me subía. Él tenía razón. Ésa fue la oportunidad de mi vida.

OCASIONES

Si tienes una oportunidad y ya te aventaste a emprender, no la dejes para mañana; quién sabe cuándo volverá, quizá nunca.

5 PUNTOS PARA UN BUEN CONTRATO

Un contrato es parte esencial para tu negocio. Si no tienes la suficiente experiencia para revisar cada punto a detalle, apóyate en tu estructura legal, porque le puedes vender tu alma al diablo si lo haces mal o das cosas por sentadas que parecen obvias: no, aquí nada es obvio.

No importa si tu contraparte es un amigo o un familiar, no te confíes; más vale las cosas claras desde un principio para no tener problemas.

Piensa siempre a futuro, en tu crecimiento, en si vas a necesitar más cosas después, en si vas a poder pagar, etcétera. Un contrato es tu armadura legal.

¿QUIÉNES SOMOS?

Acredita la personalidad jurídica con identificación oficial vigente de ambas partes, así estarás seguro de con quién firmas.

¿DÓNDE ESTAMOS?

Verifica adecuadamente la jurisdicción a la que se someten las partes en el contrato, es decir, registra el documento.

¿ESTÁS SEGURO?

Valida que la redacción tenga las formalidades debidas para que el contrato sea válido. Prevé cualquier eventualidad.

¿QUÉ DICE?

Lee siempre cuidadosamente y acompáñate de un perito en la materia. Si no eres abogado, no te creas lo suficientemente vivo.

ORIGINALES

Quédate siempre con una copia con la firma original de tu contraparte. Una fotostática no te servirá para nada: es un error.

UN BUEN
CONTRATO
PROTEGE TU
PATRIMONIO.
No dejes nada
A LA BUENA
VOLUNTAD
DE LOS DEMÁS.

EMPRENDER O QUEDARSE EN EL INTENTO

¿Decidir dejar el escritorio, el godinato, para salir a emprender? No es lo mismo esperar tu quincena a decir «me voy a aventar». ¿Es la oficina una elección o un lugar de confort?

Hay dos tipos de gente en este mundo: la que prefiere crecer con su empleo, su sueldo y en sus bienes, a la que le encanta vivir así y seguro nunca va a emprender, porque no le interesa, y está bien, porque ése es su bienestar. Pero hay personas que se avientan un volado en el que pueden ganar o perder.

Cuando yo empezaba a actuar, ser empleado me molestaba muchísimo, entonces decidí emprender. En un programa de *Big Brother* le dije a alguien: «Tú eres un empleado, yo soy un empresario, ésa es la gran diferencia entre tú y yo, yo sí me arriesgué y ahora soy el rey de mi mundo».

EMPRENDER
ES PARA QUIEN
cree en sí mismo
Y EN SU IDEA,
Y QUIEN TIENE LA
VALENTÍA
PARA LLEVARLA A CABO.

DECIDE MAL Y TE VA MAL

Yo era muy amigo de un productor de televisión; en ese entonces yo confundía las relaciones de trabajo, pensaba que por ser cercanos podía llegar tarde y excederme. Un día él me dijo que estaba abusando y me advirtió que me correría. Lo hizo. Sucedió en la telenovela *Dos mujeres, un camino*, y fue un golpe fuerte para mí. En 1997 yo tenía la idea de lanzar una película (*Sálvame de una luz en la oscuridad*). La produje como uno de mis primeros proyectos como empresario. Conseguí un socio e hice mal el contrato, a la cinta le fue bien, pero a mí no. Ésas son malas decisiones.

El tener una buena estructura legal es muy importante. Aprendí entonces y no me volvió a pasar. Todas las ganancias se las quedó mi socio.

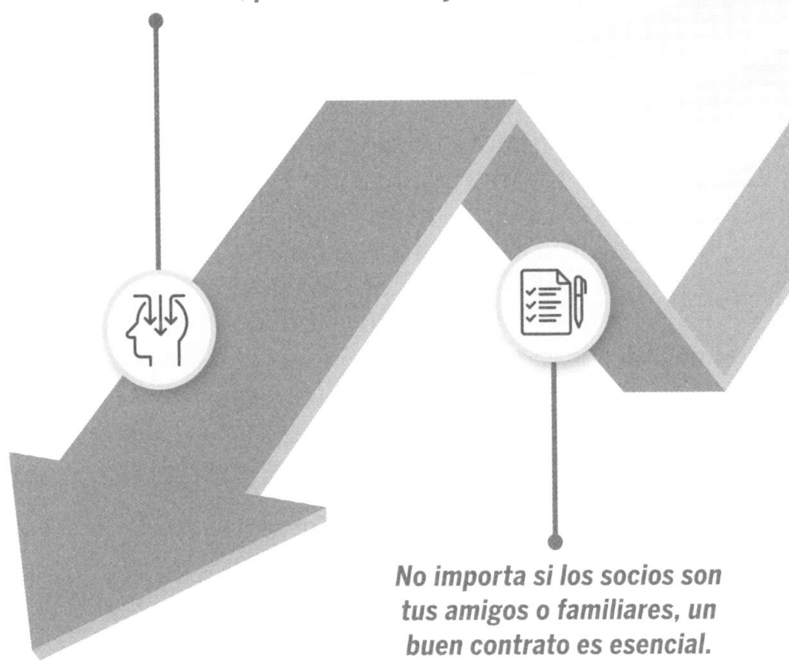

Si decides emprender creyendo que ya lo sabes todo, puedes ir a la baja. Sé humilde.
No importa si los socios son tus amigos o familiares, un buen contrato es esencial.

LECCIÓN APRENDIDA

No nací con conocimientos sobre negocios, hablo de mis propias experiencias de vida. Me aventé a emprender esa película y lo logré. El filme se produjo con mucha inversión; yo lo escribí y lo protagonicé. Al final, los que obtuvieron el dinero fueron mis socios porque yo no me protegí en la parte legal. No sabía cómo hacerlo. Entendí que al tener una idea, planearla y desarrollarla sin una buena estructura en términos de contratos, tus socios pueden llegar a quitarte ésa que ahora es su idea, su éxito, sus ganancias y hasta los créditos. Éste es un buen ejemplo de no saber ejecutar un negocio aunque tengas las mejores ideas.

EL TAQUERO

Pensemos en alguien que tiene un puesto de tacos y necesita a un inversionista para poder crecer y comprar otros diez carritos para colocarlos en diferentes puntos. Requiere contratar empleados y crear una figura moral para expandir su negocio. Si este taquero lo hace todo «de palabra» y sin firmar un documento, al final quien se quedará con las ganancias será el inversionista, de ahí la importancia de dejar la informalidad, te dediques a lo que te dediques. Si tú emprendes con amor, con estudio de mercado, haces tacos buenísimos y estás protegido legalmente, seguro vas a triunfar.

TODO POR LA FORMALIDAD

Dale a tu idea un toque de amor y tu sello personal. No olvides que si tu idea no tiene un buen contrato, te estás aventando del avión sin paracaídas y, además, dejarás a tus empleados desprotegidos.

LA ESTRUCTURA LEGAL ES IMPORTANTE

Los grandes millonarios trabajan con los mejores abogados.

FORMAL Y BIEN PROTEGIDO

Cuando montas una empresa con todas las de la ley, ésta te ampara ante los imprevistos, si no, vivirás sobre un castillo de naipes.

JEFF BEZOS

En 2015, este hombre era considerado por *Forbes* como el quinto más rico del mundo. Hoy la cosa ha cambiado: es el primero.

En 1995, Bezos fundó Relentless.com, que después se transformó en Amazon, pero para eso tuvo que renunciar a su puesto de vicepresidente de D. E. Shaw. Para Jeff, una reunión de trabajo es productiva sólo con el número de personas que pueden ser alimentadas con dos pizzas.

Él cree que el pensamiento individual debe prevalecer sobre el pensamiento grupal. Cree que la evolución y el éxito vienen de la adaptación a los cambios.

AMAZON

¿Necesitas comprar algo y no sabes dónde? Es muy probable que Amazon lo tenga: ése es el secreto del éxito. Es la tienda en línea más grande del mundo y es pionera en las plataformas para la venta de libros electrónicos. La superficie que ocupan sus bodegas en el planeta suma tres veces el área del Vaticano. Tiene la capacidad de tramitar 300 ventas por segundo.

En cuanto a tecnología, Amazon ha comenzado a experimentar con la entrega de productos a través de drones en sólo 30 minutos, en un afán de ser una de las empresas más eficientes de la historia y adaptarse a los cambios.

Cuando llegan los vientos y el mundo de los negocios se tambalea, o simplemente cambia, es preciso estar preparados con una buena estructura.

Cuéntame qué tan flexible eres ante un mundo que cada vez exige más.

VIRTUDES DE UN EMPRENDEDOR

Emprender no es cosa fácil; tampoco es lo más complejo del mundo. Es el miedo el que nos hace ver el camino complicado, es por eso que un emprendedor necesita ciertas cualidades.

Aventarse a abrir un negocio propio no es para cualquiera. Aquí expondré cinco puntos básicos que debe reunir un buen empresario.

Virtud 1: *tener fe*. Cualquiera que pretenda el éxito en un mundo lleno de tiburones debe creer en sí mismo y tener la mira puesta en sus sueños. Pero esta fe no debe ser ciega, sino que tiene que ir acompañada de un gran estudio, de meditación y buenas intenciones.

Puedes creer en un dios o en otro, llámale como quieras, pero debes tener fe en que el Universo te va a recompensar si tu energía es positiva y eres generoso. A eso le llamamos **Alquimia Espiritual**.

Sé dueño de ti mismo, de tus pasiones y de tus demonios. Cuídate de tus apegos materiales.

FOMENTA TUS VIRTUDES

Virtud 2: *triunfar sobre tus temores*. El miedo no te deja pensar, te paraliza; es ese sentimiento que te susurra que vas a fracasar. Pero esa emoción no viene de otro lado más que de tu interior, por lo tanto, tú eres el mayor enemigo de tu negocio.

Si eres necio, crees que lo sabes todo, eres indiscreto, prepotente y tienes miedo, fracasarán. Puedes echarle la culpa a quien quieras, pero la responsabilidad es tuya. Siempre estamos expuestos a situaciones externas, pero está en tus manos poner un blindaje y vencer el temor.

ACEPTA TUS CUALIDADES

Virtud 3: *ser honorable*. No trances, trata bien a tus empleados, no le mientas a tus socios, paga tus impuestos y un largo etcétera. Ya hemos hablado de darle al Universo para que éste te regrese el doble, pero no está de más repetirlo.

Ser honorable no sólo te acarrea energía positiva, también te protege ante cualquier situación. Por ejemplo, si pagas tus impuestos no sólo le das recursos a tu país para crecer, también te libras de que un día Hacienda te audite y truenes, o cosas peores. Si eres leal con tus socios, ellos confiarán en ti y te apoyarán en todo. Y la lista sigue.

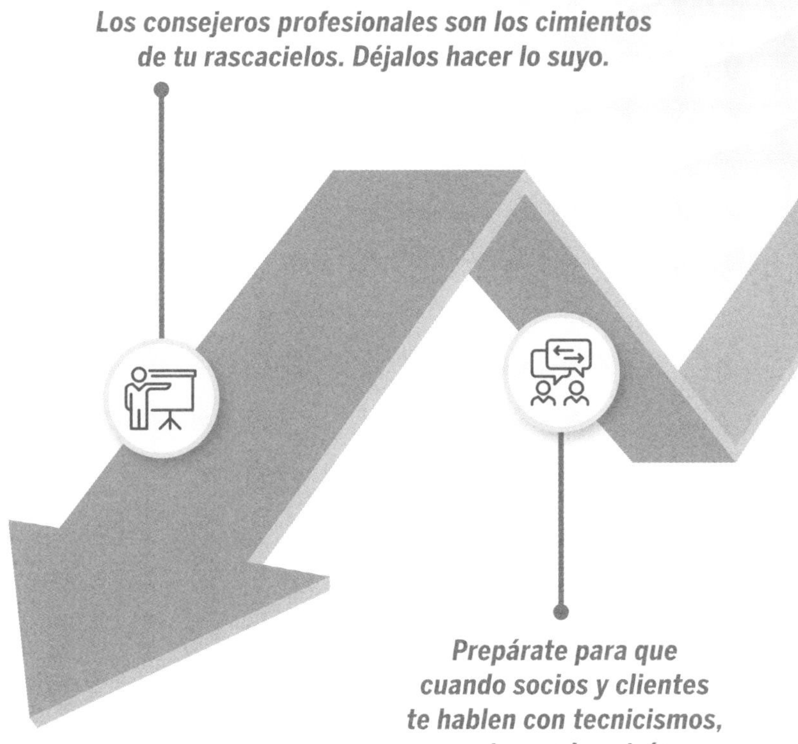

Los consejeros profesionales son los cimientos de tu rascacielos. Déjalos hacer lo suyo.
Prepárate para que cuando socios y clientes te hablen con tecnicismos, no te quedes atrás.

¡ILÚSTRATE!

Virtud 4: *estudio y conocimiento*. Esta virtud hará que tu idea florezca, pues puedes inventar lo mejor del mundo, pero si no te empapas del conocimiento requerido para abonar tu parcela, esa idea se quedará chiquita.

No necesitas ser un experto en leyes, en mercadotecnia o en contabilidad. Cuando dije que te empaparas, también quiero decir que te asesores con expertos. No seas tan petulante creyendo que lo sabes todo, que eres la mamá de los pollitos, porque ese exceso de confianza puede hacerte caer hasta el fondo, sin posibilidad de levantarte. Estudia y crecerás.

ENTORNO CAPAZ

Virtud 5: *rodéate de gente talentosa*. Parece muy obvio que tus colaboradores, asesores y socios sean los mejores posibles en su campo. Pero de nada te servirá tener a 10 mil genios a tu alrededor si no los escuchas, si no eres lo suficientemente humilde para aceptar que pueden tener mejores ideas que tú, si no delegas, si no los dejas trabajar o los explotas.

Aprende a escuchar a ese talento del que te has rodeado y págale bien. Aprécialos antes de que se vayan a la competencia. Capacítalos. Comunícate con ellos. Sé su líder, no su capataz. Contágiate de su saber y aprende.

LENGUA

Saber callar te permitirá reflexionar sobre lo que escuchas. Hazlo con conocimiento y cabeza fría para leer los próximos movimientos de los demás. Si no sabes, no la riegues mostrando debilidad.

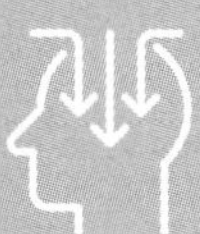

OÍDOS

Saber escuchar te abrirá muchas puertas. Juzga con sabiduría.

RECONOCIMIENTO

No esperes el halago de los otros, porque puede ser falso. Si te sabes virtuoso, ejércelo con sabiduría y humildad. Nada de altanería.

MITOS SOBRE EMPRENDER

Al emprender, se alzarán muchas voces que te apoyarán o te asustarán. Lo importante es tu determinación y que estés seguro sobre lo que haces, que creas en tus sueños y capacidad.

Los mitos y realidades al iniciar una empresa son muchos: ¿voy a perder mis ahorros, voy a arriesgar mi casa, la seguridad de mi familia? No si lo haces bien y utilizas la **Alquimia Espiritual**. ¿Me voy a hacer muy rico, voy a tener mi avión, voy a abrir cien de éstos? Calma, primero camina y luego vuela. Siempre hay pros y contras. Es por eso que se da la batalla mental para vencer el miedo.Si fuera fácil vencer todo eso, sopesar las cosas con sabiduría y ver si lo vas a hacer o no, todo el mundo sería emprendedor con grandes empresas; nadie sería empleado y eso sería un desastre.

RICO DE LA NOCHE A LA MAÑANA

Mito. Si estás pensando sólo en el dinero, se te va a cortar el dinero. Si vas a hacer algo, que sea porque tus clientes disfruten de un excelente servicio. Por ejemplo, si yo escribo este libro nada más para hacer dinero, estoy mal; lo escribo porque quiero compartir mi experiencia y ofrecer mecanismos para un emprendedor, sin cosas tan complejas. Entonces este libro va a ser un éxito, porque el dinero está en tercer o cuarto lugar; no deja de estar, pero en mi primer lugar se encuentra ayudar. En segundo lugar está que mi país genere más empleo, por lo tanto, le estoy dando al Universo.

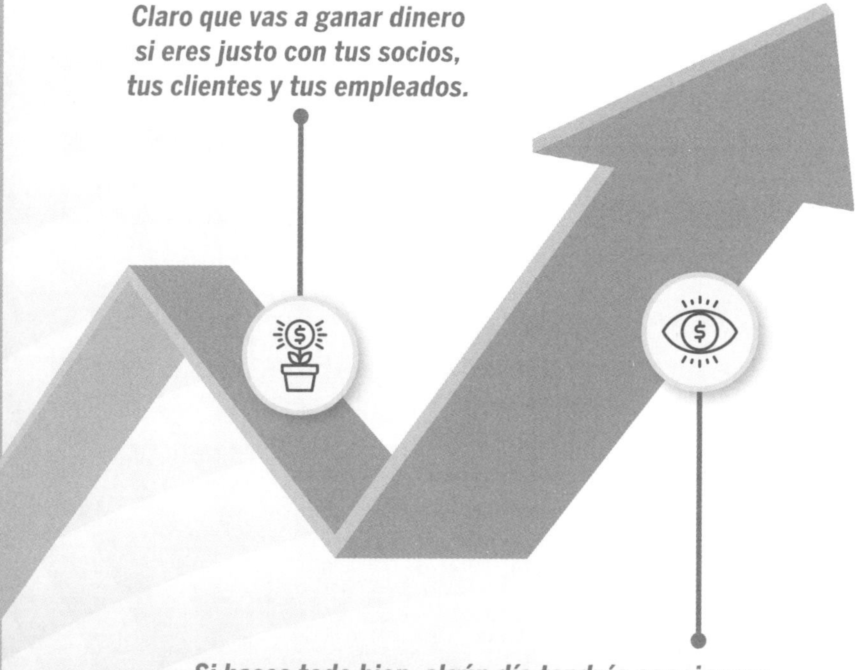

Claro que vas a ganar dinero si eres justo con tus socios, tus clientes y tus empleados.

Si haces todo bien, algún día tendrás esa riqueza, pero que la ambición no te destruya.

OBJETIVIDAD

La realidad a veces nos golpea, y duro. Pensamos que estamos inventando el hilo negro porque estamos ciegos de tanto ego. Un buen estudio de mercado puede salvarnos la vida.

ORIGINALIDAD

Si tu idea no es muy original, que la diferencia sea la calidad.

MI IDEA ES LA MEJOR DEL MUNDO

Mito. Ten cuidado de pensar que descubriste una nueva variedad de agua tibia. Tienes que hablar con los expertos, con los mercadólogos, estudiar los nichos, hablar con los abogados y estudiar la situación porque a lo mejor hay que modificarla.

Cualquier negocio es susceptible a un estudio de mercado, hasta el más sencillo. Si vas a abrir una taquería, tienes que revisar todas las taquerías de la zona. Trata de averiguar cuánto venden, qué es lo que más venden, cuánto pagan de renta, cuántos empleados tienen, qué distingue a su taco del taco del de allá, qué grados de higiene tienen.

MI IDEA ES SUFICIENTE

Mito. No creas que el foquito que se encendió en tu cabeza alcanzará para iluminar todo tu negocio. La gente no está acostumbrada a invertir porque cree que todo caerá del cielo.

Si no tienes para pagar a un mercadólogo, haz tu propio estudio de mercado, no es tan difícil. Si al principio no puedes pagarle a un abogado, asesórate con algún conocido y estudia, no dejes pasar nada ni te avientes con los ojos cerrados. Si el contador sale caro, ve al SAT y solicita ayuda gratuita. La omisión y la flojera son tus peores enemigas. Piénsale: nada de pretextos ni quejas infundadas.

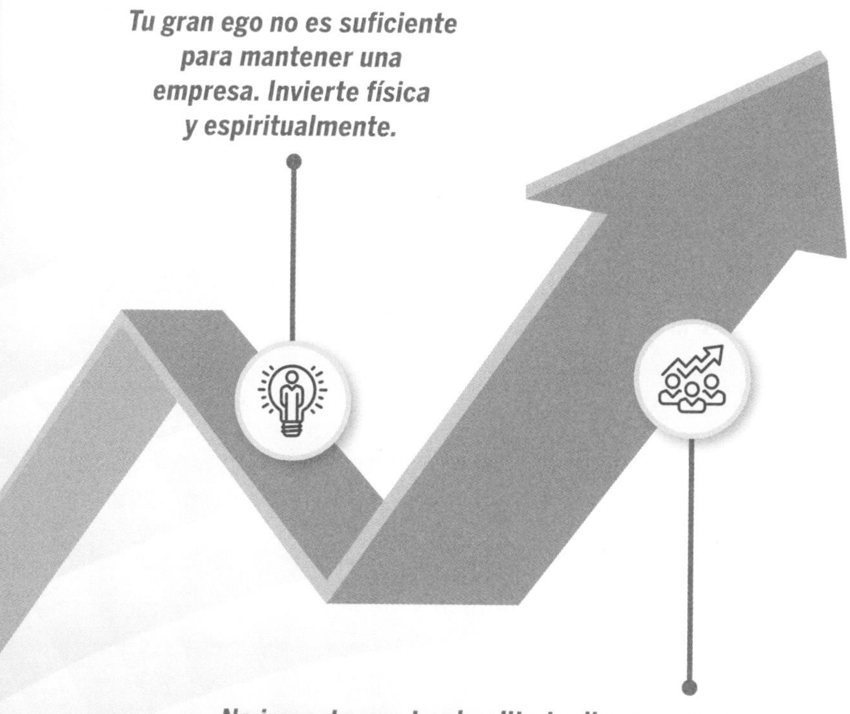

Tu gran ego no es suficiente para mantener una empresa. Invierte física y espiritualmente.
No importa que tu abuelita te diga que eres el mejor. Planea y rodéate de expertos.

EL TRANCAZO

Si ya pasaste por pruebas de mercado, hiciste cuentas y resulta que tu idea no da: ¡pues no da! No te aferres, porque entonces sí lo pierdes todo.

5 TIPS SOBRE FAMILIA Y NEGOCIOS

¿Te acuerdas del señor Scrooge en el famosísimo *Cuento de Navidad* de Charles Dickens? ¿Te gustaría ser un viejito agrio al que nadie quiere a pesar de su dinero? Si no deseas eso para ti, échale ganas a tus relaciones de familia, a los amigos y a tu pareja.

Comparte con ellos tus triunfos, busca su consuelo cuando las cosas van mal. Invierte en cariño.

Tu familia va a estar contigo en las buenas y en las malas, tus hijos te amarán siempre. Practica el amor incondicional y éste te pondrá los pies en la tierra para saber quién está contigo sinceramente y quién sólo te quiere por interés.

SEPARACIÓN DE BIENES

Evita hacer negocios con familiares o con tu pareja; tarde o temprano siempre hay problemas debido a la extrema confianza.

CALIDAD DE TIEMPO

Al llegar a casa, intenta olvidar por completo el negocio. Es difícil, pero la familia lo merece y a ti también te hará bien.

¿PARA QUIÉN TRABAJAS?

Que tu familia sea el mayor negocio. Invierte en la educación y el esparcimiento de todos. Satisface sus necesidades.

RELÁJATE

Aprende a descansar, tu cuerpo lo necesita y tu mente estará más fresca luego de divertirte un rato. Evita los excesos.

CADA QUIEN SUS TIEMPOS

Aprende a dividir tus tiempos: ¿cuánto le dedicas a uno y cuánto le dedicas a otro? No descuides a los tuyos por lo material.

EL ÉXITO EN LOS NEGOCIOS *es mayor cuando* **ESTÁS** ACOMPAÑADO, **CUANDO AMAS** Y TE AMAN.

CARLOS SLIM

Este señor de los negocios es el empresario mexicano más exitoso de todos los tiempos. Es dueño de Telmex, Telcel e Inbursa, Saks Fifth Avenue, Sears y Sanborns en México, hospitales, constructoras, empresas de aluminio y empaques, además de tener acciones en un sinfín de asuntos.

Hay mucho que decir respecto a este hombre, pero un dato que quiero destacar es el siguiente: todos los lunes se reúne a cenar con sus seis hijos, a quienes considera sus mejores amigos. ¿Por qué este detalle entre tantos que caracterizan a este empresario? Porque el cariño que recibes es el verdadero éxito.

GRUPO CARSO

Si hay un ejemplo en México de lo que se debe hacer para tener éxito en los negocios, es este grupo encabezado por el señor Slim. Pero no sólo se trata del dinero que ganan las empresas, sino de la cantidad de empleos que cada uno de los brazos que este emporio genera.

Carlos Slim afirma que: «La pobreza no se elimina con donativos, sino con educación y empleo». Más allá de las críticas que pueda recibir este señor, ¿te has puesto a pensar qué sería de las miles y miles de familias que viven con un trabajo estable gracias a estos inversionistas?

¿Cuánto tiempo trabajas a la semana para alcanzar el éxito sin pensar que tu familia es parte esencial de tu realización como ser humano?

Haz una lista de propósitos para estar con tus seres queridos sin pensar en el trabajo.

EL MIEDO

Los temores y los complejos son difíciles de vencer, te pueden amenazar, intimidar y limitan tus posibilidades para emprender. Debes vencer a esos demonios que traes dentro.

La duda y el temor pueden disiparse cuando haces las cosas bien. Nunca olvides que un contrato adecuado ofrece un panorama de mucha tranquilidad. De lo contrario, puedes perder todo en una sola mañana. Aviéntate en los negocios con un paracaídas; ese paracaídas se llama estructura legal y jurídica. Si tú la tienes, serás el rey; si no la procuras, acabarás mal.

Si estás empezando, y obviamente no entiendes de negocios, pero tienes una idea, acércate a los expertos. El hecho de que seas un gran creativo no te convierte en especialista en todas las ramas empresariales.

CÓMPLICES

Busca a dos o tres figuras clave en la materia de la industria a la que te incorporas para que te ayuden a aterrizar tu idea.

AYUDA LEGAL

Todos tenemos a un amigo abogado, habla con él o ella y asesórate. Al final deberás contratar a un abogado fijo.

ANDAMIOS FUERTES

Construye una estructura financiera, legal y con cláusulas bien definidas que te permita elaborar buenos contratos.

NEGOCIOS SON NEGOCIOS

Los malos negocios, o la mayoría de los fracasos, provienen de malas decisiones financieras. No es una regla, pero las peores tranzas las hace el tío, el primo o el amigo, la misma gente de tu círculo, por un abuso de confianza y por no hacer las cosas debidamente.

En los negocios no hay amigos, no hay primos, no hay padres. Negocios son negocios. He pasado por esta situación muchas veces. Los brothers lo son, pero lejos del escritorio. Aquí estamos haciendo negocios, y si gano dinero es porque entro con una gran estructura legal. Así me siento invencible, blindado y protegido.

ALQUIMIA CONTRA EL MIEDO

Si tu espíritu está en paz porque le has dado al Universo, no hay por qué tener miedo. Contra el temor: seguridad, control, previsión y honradez. Estás blindado.

¿MUCHO ÁNIMO?

Tu actitud no será suficiente para triunfar: necesitas estructura.

MALOS PENSAMIENTOS

Al desarrollar un contrato debes pensar mal en todos los aspectos, anticipar contratiempos, cláusulas no estipuladas y un sinfín de situaciones que pueden ocurrir. Especula de dónde proviene la mala energía y planea qué viene a futuro. Y no se trata de ser una persona conflictiva, sino de prever lo positivo en lo negativo. Es como en el ajedrez: si contemplas el panorama general y puedes reducirlo a lo particular, podrás estar siempre dos jugadas delante de tu contraparte, sin ser alevoso, pero sí justo, pues se trata de ganar.

SI DERROTAS A TUS PROPIOS **MIEDOS,** *habrás dado un paso* ADELANTE HACIA EL VERDADERO ÉXITO.

CONÓCETE

Por supuesto que da miedo emprender, arriesgar capital, tiempo e ideas, pero si superas ese temor, estarás más cerca de conocerte a ti mismo, y eso significa tocar a la puerta de la realización personal.

Que tu empresa sea un reflejo de ti y no que tú seas definido por tu negocio. Cualquiera puede tener un resbalón, pero no por eso hay que dejar de intentar. Es más, los fracasos son los mejores maestros, aunque no hay que desearlos a nadie.

¿Tendrás meses duros? Sí. ¿Vas a querer rendirte? También. ¿Puedes levantarte? Claro, siempre se puede, y mejor que antes.

LO INEVITABLE

La vida tiene imprevistos y aunque hagas todo bien, te puede ir mal: hay cosas fuera de tu control. Los triunfadores vuelan sobre las circunstancias.

FRACASO

Hay proyectos que fracasan, no todos los negocios que emprendes van a ser necesariamente un éxito. Tampoco significa que vayas a perder siempre. Un empresario sabe subir y bajar.

Me atrevería a afirmar que todos los empresarios deberían pasar por una experiencia de fracaso. Eso no significa que no se pueda ser un hombre de negocios estando invicto.

Las altas y las bajas irán forjando tu alma emprendedora. Hay algunos que deciden dejar la industria debido a un fracaso y otros que siguen adelante porque adquieren más conocimiento sobre el sistema fiscal, asuntos jurídicos y nichos de mercado que los ayudan para poder llegar hasta el trono.

Habrá quien quiera ser emprendedor por ego o por dinero y habrá quien quiera serlo por servir y por darle al Universo.

RECUPERA

Si estás viendo que el barco se va a pique, ya no te aferres demasiado y brinca, recupera lo que puedas, traspasa o haz lo que tengas que hacer. Si viste que no funcionó, métete a otra cosa, ponte un límite para no seguir perdiendo, no te enamores de un imposible.

Lo más importante de un negocio que no funciona es aprender. Esta vez el Universo no te dio, pero seguro es por algo. Tal vez no estudiaste bien el mercado o tu idea no fue la más afortunada; sin embargo, rescata lo bueno, liquida tus deudas y vámonos a otra cosa. Decreta una lección aprendida. ¡Ánimo!

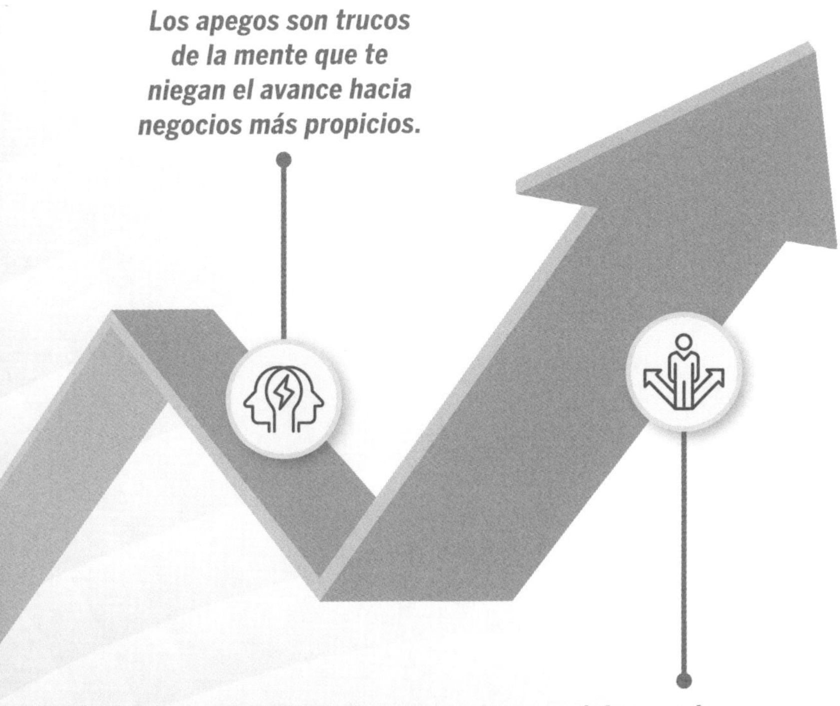

Los apegos son trucos de la mente que te niegan el avance hacia negocios más propicios.

Mantén la frente en alto y no dejes que la desesperación te hunda en un pozo de depresión.

Todos nos equivocamos. Si tu idea fracasó, haz una lista de tus errores y temas a corregir.

FALLOS

Podemos cometer todo tipo de errores, desde el permiso de construcción, la contratación de empleados, en nuestros límites, haber invertido más en una cosa y no en otra, etcétera. El emprendedor nació para cometer errores, nada más tiene que aprender de ellos. Cuando llevas mucho tiempo como empresario los dejas de cometer, pero emprender es regarla, corregir y luego crecer. Eso es lo que te va a dar la experiencia necesaria. Quizá después, cuando estés en la cima del éxito, te reirás de tu falta de pericia inicial. Así es la vida.

EL ARTE DE LA GUERRA

Te voy a contar algo que leí en un libro que me gustó muchísimo: *El arte de la guerra*. Dos grupos, los del Este y los del Oeste, peleaban por un territorio y se enteraron de que venían mongoles a invadirlos. En el Este le dijeron al general: «¿Por qué no nosotros nos replegamos a las montañas y dejamos que nuestros enemigos los enfrenten? Que se debiliten y luego bajamos y los derrotamos». El general respondió: «Están en un grave error; si mandamos a nuestros hombres a descansar, se volverán flojos. Que sigan aprendiendo el arte de la guerra, que sigan creciendo al pelear con estos nuevos enemigos». Así de sencillo es, salir a hacer las cosas te hace crecer.

Cuando tropieces, levántate y quita los obstáculos del camino. Ésa es la verdadera fuerza.

LOS HOMBRES PODEROSOS NO SON LOS INVENCIBLES, SINO LOS QUE APRENDEN DE SUS DERROTAS.

ESCUDOS Y LANZAS

Si vas a salir al campo de batalla, hazlo con escudos y lanzas, con estudios de mercado, abogado y contador. No necesitas ningún don especial para convertirte en un gran emprendedor, lo único que requieres es seguir los pasos que manejamos en este libro y tener al tipo de profesionistas de los que hemos hablado siempre a tu lado, sin olvidar la **Alquimia Espiritual** que complementará todo lo financiero con un espíritu firme y una tranquilidad ética a prueba de derrumbes, pues un emprendedor entiende el equilibrio entre lo interior y el exterior, entre conocimiento y sabiduría.

TRISTEZA

No permitas que un fracaso te lleve a la depresión. Recuerda que cada golpe que recibes, es un golpe que aprendes a bloquear.

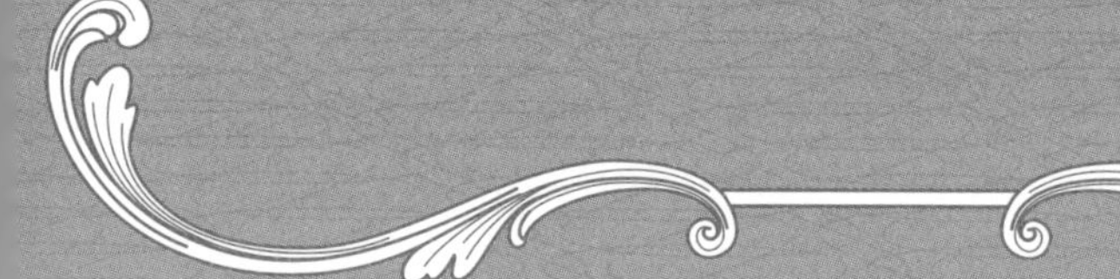
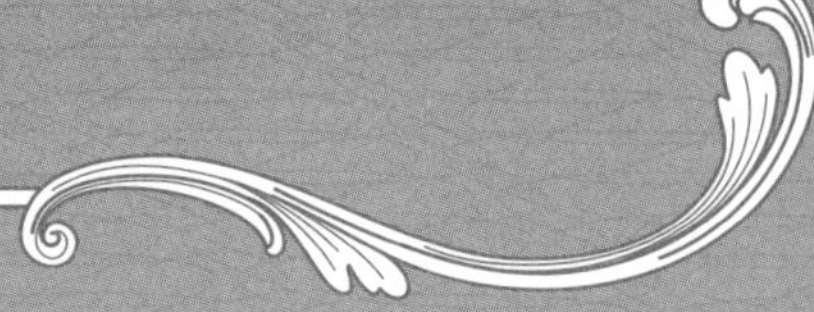

NARAYANA MURTHY

Para comenzar, este empresario utilizó los ahorros de su esposa, y lo hizo seguro de lo que lo lograría: crear la empresa más respetada de India. Él recuerda que creció en una familia de clase media baja con las enseñanzas de respeto, trabajo duro y valores.

Murthy ha acuñado un concepto de capitalismo solidario, dándole a su país, a sus empleados y al Universo en todos los sentidos, y derrumbando el mito de que el capitalismo es un sistema draconiano que sólo arrebata. Él combina a la perfección las filosofías humanistas y financieras.

INFOSYS

Es una de las empresas de servicios en tecnología de la información más grande de Asia. Actualmente cuenta con más de 127 mil empleados alrededor del mundo, en su mayoría ingenieros.

Esta compañía hace posible que sus clientes superen a la competencia y se mantengan por delante de la curva de la innovación, es decir, ayudan a otras empresas a renovarse al mismo tiempo que crean nuevos caminos para generar valor. Proporcionan una visión estratégica sobre el futuro, provocando la evolución y adaptación de sus clientes.

Si estás comenzando un negocio o aún no te decides, no tengas miedo, este asunto es para todos, no sólo para gente con mucho dinero. Hazlo bien.

Escribe aquí tus motivaciones
y lo que te mueve.

TUS PENSAMIENTOS SON LUZ

Tu herramienta más poderosa en la vida es tu mente. De ahí salen tus ideas y ellas son las que te hacen diferente a los demás. Como emprendedor, necesitas entrenar a tu cerebro.

Todos nos hemos visto obligados a mejorar algo en nuestras vidas. La casa, el automóvil, el puesto laboral, el trabajo, nuestras relaciones personales, nuestra rutina, nuestros ingresos, nuestra forma de vida y de pensar. Todo lo anterior requiere trabajo, no hay fórmulas mágicas. Al comenzar un negocio necesitas de todas tus cualidades para generar un entorno propicio para el éxito. No te olvides de tu alma, de estar en armonía con el Universo. La espiritualidad es muy independiente de la religión; tiene que ver con la ética y la honestidad.

Tus pensamientos son la base de tu negocio. Reflexiona cada paso que des en el camino.

IDEAS: JOYAS DE LA CORONA

Uno de los errores de muchos emprendedores es que se pasan la vida contando sus ideas a todos sus amigos, familiares y compañeros de trabajo. Existen muchas razones para compartirlas con la gente que nos rodea: les tenemos confianza, queremos su opinión, necesitamos consejos, buscamos ayuda económica o simplemente es un tema de conversación. Y aunque puede parecer paranoico, confiar tus sueños a cualquiera puede resultar contraproducente. Quizá tengas en tus manos la joya de la corona y sin darte cuenta se la estás regalando a tu vecino.

ESCUCHA OPINIONES

Desde hace algunas décadas, las grandes empresas han creado líneas de comunicación con sus clientes: vía telefónica, correo, mensajes de voz, etcétera. En general, los clientes las utilizan para quejarse del producto o servicio que adquirieron que, por cierto, es un hecho completamente válido y justo. Todos somos clientes y todos tenemos derecho a expresar nuestra incomodidad con un producto. Ahora bien: el objetivo principal de las empresas no es escuchar o leer cientos de quejas, sino recabar datos. Pero principalmente para obtener ideas. Ideas gratis. Ideas que pueden ayudar a mejorar la empresa. Ideas que pueden generar millones de dólares.

SÉ POSITIVO

Habrá mucha gente que intentará convencerte de que no te arriesgues. Sus argumentos serán sólidos. El fatalismo siempre es convincente. El fatalismo pretende ser realista. Pero la realidad no necesariamente tiene que ser así. Si buscas ejemplos de fracaso, encontrarás cientos alrededor. Si buscas personas que alcanzaron el éxito, quizá sean pocas las que aparezcan, pues son escasas las personas valientes. Si quieres tener éxito, tendrás que armarte de mucho valor. Mantén tu mente del lado positivo para que tus joyas brillen.

LO MÁS DIFÍCIL

Si ya tienes una idea para un negocio, investiga si realmente es viable, asegúrate de que hay buenos pronósticos.

VOCES NEGATIVAS

Si te dedicas a contarle a todos tus conocidos sobre tu idea, quizá recibas comentarios negativos que te dañarán.

EL RETO

Algunas voces negativas te pronosticarán fracaso y dudas. Aunque las recibas, enfrenta el reto de superarlas.

TUS IDEAS
SON LA BASE
sobre la que se
CONSTRUYE
EL ÉXITO.
GUÁRDALAS
COMO UN TESORO.

PULIENDO LAS JOYAS

Sin duda, las ideas, el valor, el estudio y el conocimiento sobre el negocio que pretendes emprender no sirven de nada si no te administras correctamente. Cuidar cada uno de los andamios en el proceso de emprender es como pulir esos diamantes en bruto que son tus sueños. Todos los negocios tienen dificultades económicas. Lo más recomendable es que tengas dinero adicional para tus gastos personales, para pagar sueldos e impuestos. De esta manera tus ideas estarán guardadas en una caja fuerte. De igual modo, recuerda registrar legalmente esas ideas.

MADUREZ DE PENSAMIENTO

Tu idea es una semilla, no pretendas que de la noche a la mañana se convierta en un árbol de billetes. Riégala, cuídala, dale su tiempo para fortalecer su tronco y dar fruto. No dejes que los vientos negativos la azoten. ¡Quiérela!

ES IMPORTANTE QUE TÚ CREZCAS COMO PERSONA A LA PAR DE TU EMPRESA, EN CONOCIMIENTO Y EN SABIDURÍA.

PROCURA QUE TUS SOCIOS Y EMPLEADOS SE FORTALEZCAN AL MISMO TIEMPO QUE ESA SEMILLA.

SI TUVISTE ÉXITO RÁPIDO, QUÉ BUENO, PERO RECUERDA QUE NO SIEMPRE ES PRIMAVERA Y EL INVIERNO PEGA.

UN BUEN CONSEJO

Escucha y agradece siempre las recomendaciones que te dan para pulir tus joyas, pero mantén tus escudos levantados ante las malas intenciones, la envidia y la negatividad.

Una lección que nunca está de más es ésta: prepárate y estudia. La preparación académica es importante, ya seas empresario o apenas lo pretendas. No importa la edad que tengas. Existen empresarios que han hecho fortunas sin una carrera universitaria, pero si no tienes la preparación académica, busca a la gente adecuada. Investiga, pregunta con uno, dos o tres abogados o contadores. Aclara todas tus dudas. No hay preguntas tontas. Entre más preguntes, más claro será el camino. No significa que no habrá más dudas. Las dudas nunca se acaban. Siempre hay algo nuevo que aprender.

Uno de los pasos más difíciles al comenzar un negocio es contratar. A veces, por falta de ingresos, pedimos ayuda a familiares y amigos. Marca una línea clara entre lo personal y el trabajo.

Aprende a ser discreto. Si proteges tus ideas legalmente y de oídos indiscretos, estarás guardando tu máximo tesoro.

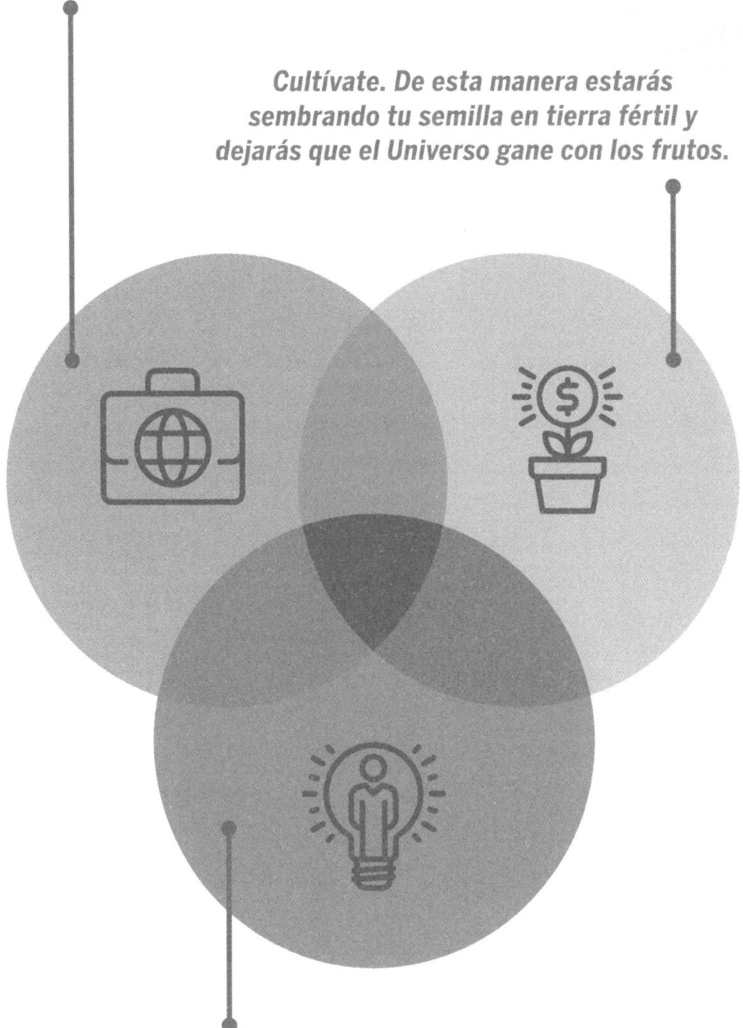

Cultívate. De esta manera estarás sembrando tu semilla en tierra fértil y dejarás que el Universo gane con los frutos.
$

Madura. La experiencia le da brillo a tus ideas. Cuando combines este aprendizaje con lo académico, estarás completo.

Si tu mente está en paz, tus ideas serán más brillantes y en armonía con el universo.

EL DINERO SÓLO ES UN PARÁMETRO DEL ÉXITO. LA VERDADERA REALIZACIÓN VIENE DEL ESPÍRITU.

ÉXITO EN PAZ

Para medir el éxito tenemos varias formas: si eres un actor y todos te felicitan en la calle, sabes que tienes éxito. Si eres un empresario y tu negocio está llenísimo, tienes éxito. Si eres cantante y ganas premios, seguramente tienes éxito. Son los resultados económicos y sociales de lo que vivimos día a día. Pero si a pesar de las ovaciones, tu cabeza está vacía, tu conciencia pesada y tu corazón intranquilo, ¿de verdad tienes éxito?

Pule bien las joyas de la corona con paz interior y un espíritu libre. Tus ideas pueden ser buenas para un negocio, pero negativas para el universo.

DIVERSIDAD

Mantente siempre inquieto. Si ya tuviste una buena idea, genera otra y otra; de esa manera, tu árbol se volverá un huerto.

MALAS IDEAS

¿Qué pasa cuando haces un estudio de mercado y te das cuenta de que tu idea no es viable? Es difícil de aceptar, pero lo mejor es no llevarla a cabo para no perder tu patrimonio.

Es mejor aceptar la realidad que aferrarse a una idea peligrosa. Como decía mi abuelo: «No pongas los huevos de la gallina en una sola canasta». Si algo no es negocio, vete a buscar otro, brinca para acá y brinca para allá. Por ejemplo, yo tuve una agencia de modelos y luego me di cuenta de que había muchas, de que no era productiva y la cerré, pero lo intenté. Así funciona la cosa.

Si tu idea no se sustenta y te hace perder dinero, no lo tomes como una derrota, sino como aprendizaje. Es mejor darse cuenta a tiempo que tronar de manera en que no puedas levantarte a emprender de nuevo.

No porque desees mucho algo, esto se hará realidad, hay cosas que simplemente no funcionan.

NO CONFUNDAS LA PASIÓN POR UNA IDEA CON UN ARREBATO VISCERAL. HAY QUE TENER SANGRE FRÍA.

AMOR A CUARTA VISTA

Entre todas las oportunidades que se presenten en tu vida como emprendedor, hay que buscar cuál es la que procede, y discernir cuáles no. Eso es para todo, hasta para los proyectos de televisión. Te pueden llegar mil proyectos que de inicio suenen muy bien; sin embargo, aquí no vale el amor a primera vista, hay que analizarlos con calma para elegir lo más conveniente basados en el estudio de mercado. Siempre aviéntate a emprender, pero aviéntate con inteligencia. Enamórate a tercera o cuarta vista, hasta descartar cualquier riesgo. No te aferres a cosas que no valgan la pena.

BAÑO DE REALIDAD

Si pasas de una mala idea a otra, y luego a otra, tienes que replantear tu manera de hacer las cosas. Busca tu equilibrio y cambia tus métodos.

5 FEELINGS CON TUS SOCIOS

Cuando buscas un socio es para crecer juntos, no para aprovecharte de la confianza de los demás. Si tú das, exige lo mismo, ésa es la base sobre la que se sustenta una buena relación de negocios.

Una vez más, procura separar los asuntos personales del trabajo para evitar incomodidades y malos entendidos.

Sé siempre claro, empático y mantén la comunicación abierta. Evita cualquier tranza, ambición desmedida y no te saltes a nadie. Respeta jerarquías. Si haces las cosas bien, otros te buscarán para nuevos tratos de negocios que te harán subir como la espuma.

DÉJATE AYUDAR

Aprende a delegar. Todos tenemos talentos particulares, si tus socios son mejores que tú en algo, déjalos trabajar en eso.

OÍDOS DISPUESTOS

Comunicación. Habla con la verdad a tus socios, de esa manera los problemas pueden solucionarse en equipo y será más fácil.

EN EQUIPO

Ten confianza. Una sociedad es como un buen matrimonio. Todos están en el mismo barco y hay que navegar con empeño.

HOMBRO CON HOMBRO

No ambiciones de más ni intentes pasar por encima de nadie. Si un socio te ayuda, haz lo mismo. Sé siempre honesto en todo.

SÉ FIEL

Sé justo. Cuentas claras amistades largas. Respeta los acuerdos para que la sociedad crezca y todos ganen. Sin alevosía.

CUANDO
ERES HONESTO,
LE DAS AL UNIVERSO
y tus socios
SIEMPRE
TE APOYARÁN ANTE
IMPREVISTOS.

EL BUEN JEFE

Un gran líder no nace, se hace. Aprende en el camino, de sus triunfos, pero, aún más, de sus fracasos. Aprende de sus empleados. Se construye o se destruye a sí mismo.

El buen jefe debe ser tolerante, paciente, confiable y empático. Conoce de principio a fin el funcionamiento de su empresa y está preparado para detectar fallas, corregir y renovar. Respeta las ideas de sus colaboradores, sus opiniones y sus aptitudes.

El personal no siempre es responsable o profesional y, por lo tanto, debe tener la sabiduría para elegir a sus empleados y compartir la pasión que siente por su sueño. Si su personal no siente confianza, difícilmente se acercará para pedir apoyo.

El buen jefe entiende que los empleados tienen familias y problemas personales.

SABER NEGOCIAR

Los negocios no sólo se llevan a cabo entre empresarios, también con la gente que colabora en la empresa a todos los niveles. Por eso existen los Recursos Humanos. Un líder debe saber mediar con sus colaboradores, en lugar de imponer. El autoritarismo cansa a ambas partes. La buena comunicación entre empleador y empleados genera mayor productividad y mejor ambiente laboral. Con un buen acuerdo, el empleado es más feliz y eficiente. Recuerda la **Alquimia Espiritual**: dale a tus subordinados para que ellos te devuelvan el doble. Las leyes del Universo funcionan en grande y en pequeño.

ENTRENAMIENTO

Los empleados no llegan sabiéndolo todo. Siempre deben adaptarse a los lineamientos de la empresa. El buen jefe es aquel que los lleva de la mano hacia una realización personal.

EMPATÍA

Si tus colaboradores se enamoran de tu idea, todos ganarán.

PIEDRA EN EL ZAPATO

Tus colaboradores son seres humanos: tienen vida propia, problemas personales, conflictos emocionales. Un buen jefe no puede ser otra piedra en el zapato de su gente, debe apoyar en lo posible.

RETROALIMENTACIÓN

Sin reconocimiento y consejos, el desempeño laboral baja.

PARTE DE LA FAMILIA

La mayoría de los empleados pasan más tiempo en el trabajo que en su casa. En su empleo conviven, hacen amigos, aprenden. Tienen una segunda familia.

De igual manera, un líder debe ver y preocuparse por ellos. Es cierto que el jefe no puede resolverles la vida, pero sí contribuir a su bienestar. La empresa depende de sus empleados, por ello debe proporcionar apoyo moral, retroalimentación, capacitación, empatía y retribución justa. La importancia de un buen departamento de Recursos Humanos es esencial en estos tiempos.

Un buen líder se preocupa por todos sus colaboradores, no sólo por los de arriba.

SI EL TAMAÑO DE LA EMPRESA LO PERMITE, CADA MAÑANA SALUDA DE MANO A TODOS: SONRÍELES.

RECURSOS HUMANOS

Conforme tu empresa crezca, será necesario implementar un departamento de Recursos Humanos, el cual se encargará de dar asesoría laboral imparcial a tus empleados. También los ayudará a tramitar permisos, fiestas, finiquitos e incluso puede proporcionar atención psicológica, si es preciso.

Procura que quien se encargue sea una persona muy empática y con una calidad moral intachable para servir como parte mediadora ante cualquier circunstancia, ya sea patrón-empleado o empleado-empleado. Además, puedes delegar aquí varias responsabilidades y monitoreos de rendimiento.

BUEN EJEMPLO

El éxito de una empresa comienza con el líder, si éste es honesto y justo, sus empleados sabrán que para ellos habrá honestidad y justicia.

LIDERAZGO SIN AMBICIÓN

Tienes que admitir que tú no puedes solo, por más capacitado que estés. Para poder expandir una empresa es imperativo distribuir el liderazgo: delegar y no enloquecer de poder.

Recuerda lo que han dicho los grandes sabios de todos los tiempos: «Conocimiento no es lo mismo que sabiduría». Esa *sabiduría* será la que te lleve a la cima, y una buena manera de emplearla es delegando responsabilidades a tu gente de confianza. Ojo: no siempre tu mejor amigo o tu familiar será el indicado. Debes deslindar la confianza personal de la laboral.

El personal que ocupe puestos clave tiene que ser experto en su área y compartir tu pasión, pero, sobre todo, debe demostrar su entereza, lealtad, honestidad y capacidad de permear estos valores a los demás.

LEALTAD

Para generar fidelidad, mantén abierta la comunicación, escucha propuestas y premia el esfuerzo de tus colaboradores. Admite que las buenas ideas no vienen sólo de ti.

Muchas empresas promueven la lealtad dentro del lugar de trabajo. Piden devoción a la marca, al producto y al jefe, pero se olvidan de un factor básico: también hay que ser leales a los empleados. Cuando ellos ven que la compañía despide personal por cualquier razón, que no hay empatía, confianza, apoyo moral, buen ambiente, salario justo, retroalimentación y un sentido de pertenencia, el compromiso se desvanece. Si exiges, da. Si recibes, agradece. Si agradeces, el Universo te recompensará con la entrega incondicional de tus subordinados.

La lealtad se construye día a día, de ambos lados, apoyando las necesidades del empleado, propiciando el ambiente idóneo, generando confianza y respeto. El éxito no sólo se mide a través del dinero.

La lealtad del patrón al empleado crea una atmósfera que se verá reflejada en el trabajo diario y en las finanzas.

Cuando tus trabajadores te son leales, puedes estar seguro de que el andamiaje de la empresa es firme y a toda prueba.

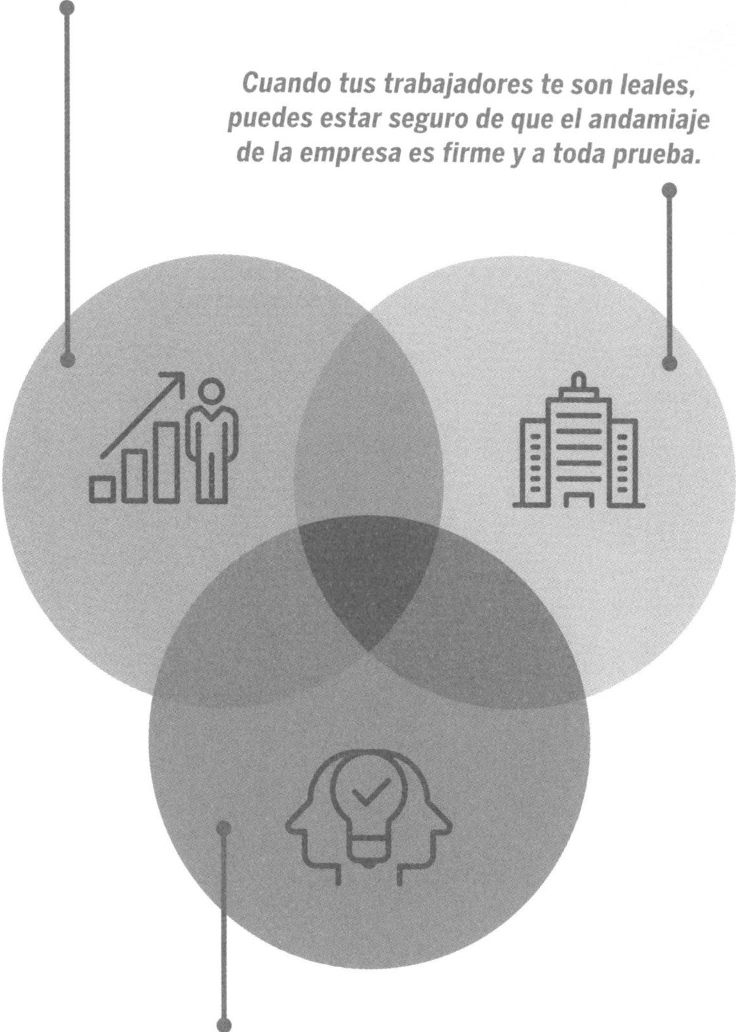

Cuando hay confianza de ambos lados, conoces las necesidades de los empleados y ellos saben qué esperas de su desempeño.

¿SI SE ROMPE LA LEALTAD?

Es difícil recuperar la confianza en quien ha abusado de tu confianza. Se vale dar segundas oportunidades, pero con cautela.

¿Y SI SE QUIERE PASAR DE LISTO?

Debes respetar las leyes laborales. Lo mejor para liquidar a un empleado es delegar esta responsabilidad a Recursos Humanos.

¿COMPASIÓN?

Los empleados sabrán valorar la compasión de la empresa cuando un compañero amerite una sanción o un despido.

EMPRESA DESLEAL

Desafortunadamente, muchos empresarios rompen esa lealtad al abusar de los empleados con horarios laborales excesivos, sueldos bajos, sin pago por tiempo extra o sin bonos de productividad. Y todo por ahorrarse unos pesos. Es sumamente importante que el empleado tenga un lugar de trabajo digno, un horario respetuoso y un salario justo para que pueda ver por su familia.

No es más leal un empleado que se queda hasta tarde sin hacer nada que uno que se va a su hora después de cumplir sus responsabilidades. Debes tener un buen criterio y cuidarte de los aduladores.

ENTRENAR PARA DELEGAR

Uno de los peores errores de las empresas es contratar a un gerente o coordinador y asumir que por su preparación académica y experiencia laboral ya sabe lo que debe hacer. Muchas veces la realidad es completamente distinta. Todos los negocios funcionan de una manera particular, y tú, como dueño, sabes lo que quieres. Por esta razón lo mejor es que los entrenes personalmente, sobre todo respecto a tus valores y tu manera de hacer las cosas.

Estoy seguro de que no quieres a alguien con una gran preparación, pero que sea un tranza o un déspota.

Que tus contrataciones estén de acuerdo con tu filosofía de vida, e inculca tus principios.

LA ARMONÍA EN UNA OFICINA DEPENDE DE TI. SÉ CLARO CON LO QUE QUIERES DE TUS EMPLEADOS.

LA CODICIA ES FUENTE DE SINSABORES, *pues nunca queda* SATISFECHA Y HACE DAÑO AL ESPÍRITU.

JEFE CON QUÍMICA

La **Alquimia Espiritual** hace de un líder un mejor hombre, y al estar en paz con el Universo quedas abierto a recibir retribución; tus socios percibirán que haces las cosas bien, tus empleados se sentirán seguros al saber que no van a perder sus trabajos y tu familia estará segura. Un líder empapa a los demás con su optimismo y fuerza.

Si logras hacer química con tu entorno, el equilibrio que reflejas te permitirá pensar con tranquilidad, ganar con justicia y planear con seguridad económica y salud, sin ambición, pues sabes que lo que es tuyo vendrá a ti desde el Universo.

FORJANDO CÓMPLICES

Los buenos empleados nacen, pero también se hacen. El secreto está en brindarles capacitación constante, trato digno y pagarles lo justo.

STEVE JOBS

Sus padres eran de origen sirio. Él nació en California. ¿Quién no quisiera la Mac más reciente? ¿Quién no ha deseado el nuevo iPhone? Pues éste hombre es el culpable.

Durante su juventud, Jobs realizó un viaje espiritual a India, donde seguramente encontró mucho de equilibrio y *alquimia*. Luego de ser despedido de su propia empresa, Apple Computer, por problemas con los directivos, compró The Graphics Group, conocida más tarde como Pixar, responsable de las animaciones más exitosas del cine. Su fortuna se calculaba en 7 mil millones de dólares.

APPLE

Esta empresa que hoy es multimillonaria comenzó desde cero, y para comenzar, sus fundadores tuvieron que vender algunas de sus pertenencias más queridas. Steve Jobs remató su camioneta y Steve Wozniak su calculadora científica Hewlett-Packard HP-65. Pero ellos no fueron los únicos fundadores, había un tercero: Ronald Wayne, quien trabajaba en Atari y ayudó con la primera computadora de la compañía. Wayne no creyó en el proyecto y se retiró (hoy vende monedas y estampillas). ¿Qué sentirías tú si fueras Ronald?

Por supuesto que se puede decir mucho de Jobs y de Apple, pero estos pequeños datos nos sirven para reflexionar.

Escribe las lecciones que has aprendido de estas historias:

____

____

____

____

____

____

____

____

EMPLEADOS FELICES

En grandes urbes, como la Ciudad de México, Guadalajara o Monterrey, muchas personas deben hacer recorridos muy largos para llegar a su trabajo, dejando en el trayecto su energía.

En la Ciudad de México, un empleado que vive en Ecatepec (zona conurbada del Estado de México) y trabaja en Santa Fe (donde se ubican muchos de los grandes corporativos) puede demorar hasta tres horas en llegar al trabajo o de vuelta a su casa. Es sumamente importante que las empresas tengan empatía por estos trabajadores que hacen grandes esfuerzos para trasladarse.

Éste es un hecho que no se puede controlar; sin embargo, es posible atenuar ese desgaste de distintas maneras, como estableciendo horarios justos, remunerando horas extra o implementando el home office.

TURNOS DE 8 HORAS

Cuando se explota a los empleados, ellos encuentran la manera de trabajar menos. La ley exige turnos de 8 horas.

HORAS EXTRA

Si luego de las 8 horas laborales bien aprovechadas aún tienen trabajo, establece dos turnos remunerados o paga horas extra.

HORARIOS DE SALIDA

No hay nada más incómodo que escuchar a un jefe decir que aún no te puedes ir. ¿Y si tienes algo importante que hacer?

TRABAJO EN CASA

Por supuesto que si tu negocio es un restaurante o una fábrica, el home office no es una opción. Pero hoy la tecnología nos permite desempeñar muchas labores conectados en una computadora. Grandes empresas de primer mundo están implementando esta modalidad, que le permite a un trabajador ahorrar tiempo y dinero de traslado, y convivir con su familia.

Ojo, no confundas el home office con el hecho de que alguien se lleve trabajo a su casa para terminarlo en su tiempo libre o en fin de semana. Eso se paga aparte. Monitorea si tus empleados rinden lo que deberían en la oficina.

¿Cuándo fue la última vez que diste un bono a los empleados que te dieron a ganar mucho?

EMPLEADOS MARAVILLA

Los trabajadores de buena madera son puntuales, responsables, dedicados, honestos, agradecidos, productivos y confiables. Son pocos y difíciles de encontrar. Existen dos tipos:

Los de paso. Aprenden con asombrosa agilidad. Suben de puesto hasta que ya no hay más y un día se van. Algunos en busca de mejores oportunidades en otras empresas y otros a crear su propio negocio. ¿Te gustaría que se quedaran? **Los fijos.** Quieren un empleo seguro con prestaciones, vacaciones, horario fijo y jubilación. Ellos estarán contigo en las buenas y en las malas.

ALIADOS EXTERNOS

Las empresas recurren cada vez más a los llamados freelancer, expertos que no se contratan directamente por la empresa, sino que trabajan desde fuera y se les paga por honorarios.

Pertenecer a este grupo tiene muchas ventajas, como ser dueño del tiempo y trabajar para distintos jefes. También tiene desventajas, como no contar con prestaciones, pagar a un contador individual y a veces soportar que no te paguen a tiempo. Si tú prefieres contratar freelancers, págales en tiempo y forma, no regatees por su trabajo. Recuerda que estás contratando a un especialista.

Ser dedicado y virtuoso es una gran combinación para tu negocio. Comienza por ti.

DISCIPLINA Y TALENTO

En la industria hotelera se requiere de operadores talentosos y disciplinados que generen ganancias y protejan a la empresa de demandas laborales, civiles y fiscales. Los operadores administran el hotel bajo un contrato que puede ser de entre 8 y 10 años. Esto quiere decir que el dueño no tiene que pasar su vida dentro del hotel vigilando a todos los empleados. El propietario puede tener varios establecimientos, pero con diferentes operadores. Esto me ha enseñado muchas cosas con respecto a mis trabajadores.

CELEBRA EL TALENTO

Cuando tienes a un elemento brillante, pero al que le cuesta la disciplina establecida en la empresa, quizá puedes reubicarlo para que su talento no se desperdicie, aunque si de plano no se adapta o quiere implantar la revolución entre el personal, es mejor no continuar con él.

Si tienes a una persona dedicada y con alto nivel de disciplina, aprovéchala, aun si su aprendizaje es más lento; entrénala para que sus capacidades salgan a flote, pues seguramente esa perseverancia dará frutos.

Lo ideal es tener estas dos virtudes en un solo individuo, y cuando lo encuentres, habrás hallado a un garbanzo de a libra.

JEFE EMPÁTICO

¿Recuerdas que antes de emprender odiabas muchas cosas de tu antigua oficina? No repitas las malas prácticas laborales.

5 LINEAMIENTOS PARA EMPLEADOS

La gente que trabaja para ti no representa una fuerza laboral sin rostro. Debes exigirles con justicia. Son seres humanos con problemas, como todos, pero si bien tú no puedes arreglarles la vida, sí puedes hacer que el trabajo no sea otra cruz que cargar.

Tú eres el líder, el modelo y el juez; enseña con el ejemplo, invierte en capacitación y remunera lo que es debido. Te aseguro que si eres empático, ellos responderán a tus peticiones con una sonrisa. Haz que se sientan parte de tu sueño y escucha sus ideas. Ellos pueden aportar mucho.

LA CARA DEL NEGOCIO

Cuidar su aspecto, pues son la imagen de tu empresa. No pidas ropa de marcas que no pueden pagar, sino higiene y alineación.

CADA COSA EN SU LUGAR

Limpieza en el área de trabajo. Imagina que llegan posibles socios al lugar; tu negocio debe estar en orden e inmaculado.

SIEMPRE DISPUESTOS

Amabilidad y saber que el cliente siempre tiene la razón, aunque no la tenga. Serviciales y expertos en resolver problemas.

RELOJ EN MANO

La puntualidad es básica, no sólo por disciplina, sino porque cinco minutos de tardanza puede significar pérdida de clientes.

SONRISAS

Buena actitud. Tus empleados son también tus embajadores, ellos te representan y deben hacerlo de la mejor manera posible.

RECUERDA *que empleados* FELICES **SON EMPLEADOS** ***eficientes y*** *FIELES.* ***TRÁTALOS CON*** JUSTICIA.

SERGEY BRIN Y LARRY PAGE

Muchos recordamos cuando no había Google. En 1996, Brin y Page crearon un motor de búsqueda para la Universidad de Stanford, pero luego decidieron llevar su idea al mundo de los negocios, creando Google.

Larry y Sergey decidieron incorporar a su sueño al cofundador de Sun Microsystems, Andy Bechtolsheim, para financiar la compañía que aún era una idea, pero que sonaba bien. Como política de desarrollo, Larry tiene una regla para generar nuevos productos, a la que llama 20/5: si 20% de los usuarios necesita una función, Google la incluye.

GOOGLE

Se dice que el sueño de todo godín es trabajar en unas oficinas como las de Google donde los empleados tienen la *obligación* de tener 20% de tiempo libre en su horario para pensar con tranquilidad en nuevos proyectos (la mitad de los productos lanzados por Google nacen en ese lapso). La compañía gasta 75 millones de dólares al año para que sus empleados coman gratis.

Éstos son apenas ejemplos del famoso mito de las oficinas de Google, junto con los videojuegos, los espacios para siestas, etcétera. ¿Será que el éxito de una empresa viene en gran medida de la felicidad de sus empleados?

Empleados felices es igual a trabajadores fieles y productivos. Es parte de la Alquimia Espiritual y pocos lo llevan a cabo en la realidad.

¿Tus empleados son felices contigo?
¿Cómo mejorarías la situación?

FINANZAS BÁSICAS

Mucha gente se asusta al escuchar la palabra «finanzas», pues de inmediato piensa en tecnicismos complejos o en que para entrarle al tema necesita tener millones. Eso asusta.

No hay de qué tener miedo, hay conceptos básicos de finanzas que todos podemos (y debemos) manejar a la hora de abrir un negocio, o incluso para manejar los gastos personales cotidianos. El secreto está en el **equilibrio**.

Todo tiene que ver con el sentido común, en la mesura, la prudencia y la disciplina. Si te va bien, no te vuelvas loco; si estás pasando por tiempos duros, no desesperes y enmienda el camino.

Es esencial tener calma. El dinero es tan frío como el hielo, así que es necesario templar la mente para manejarlo con sabiduría, sin congelarte ni quemarte las manos.

NO CAIGAS EN EL ERROR DE SER EL VAMPIRO *que desangre* TU PROPIA ***EMPRESA*** HASTA SECARLA.

SÍNDROME DEL VAMPIRO

No comiences de inmediato a sacar grandes cantidades de dinero del negocio; espera, crea un fondo, trata de reducir tus gastos cada vez más, analiza dónde hay fuga, dónde hay robo hormiga. He conocido gente que empezó bien y exprimieron tanto a la empresa que al rato no había ni para pagar los impuestos. Después de un lapso ya puedes comenzar a repartir. Si no estás seguro de cómo medir esos tiempos, averigua, puedes encontrar un contador con una buena iguala, involúcrate con él, no nada más le digas que haga la chamba; que te enseñe por qué algo es deducible o por qué no lo es.

EL FISCO Y TÚ

Tienes que aprender a meterte en el asunto de los impuestos, más allá de que tengas un contador, y ser consciente que el dinero de los impuestos no se toca. No dejes al especialista toda la responsabilidad contable, debes estar al tanto, involucrarte, porque si un día tu contador se va, no sabes en dónde están los recibos de pago, hasta dónde estás al corriente y las obligaciones fiscales que te tocan.

Cuando nos hablan de impuestos, a muchos nos da miedo o no entendemos nada, así que procrastinamos en el asunto, hasta que es muy tarde y tenemos las multas encima.

Estar al día con los impuestos es esencial, porque las sanciones son un gasto inesperado.

QUE NO TE ESPANTE EL TEMA. EL VERDADERO SUSTO VENDRÁ SI HACIENDA LLEGA A TOCAR A TU PUERTA.

SUELDO FUNCIONAL

Al tener un salario asimilado como persona física no debes declarar cada mes, sólo anual. Obtienes una hoja de retenciones.

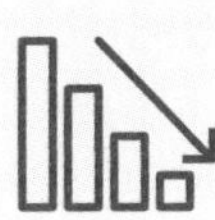

PAGA MENOS

No saqueas a la empresa y como persona moral tienes la posibilidad de reducir tu impuesto sobre la renta. Eso aliviana.

TUS GASTOS

Puedes controlar mejor tus gastos personales. Si vas al cine o a comer, lo haces con tu propia lana, no con la de la empresa.

TU SUELDO

Ponerte un sueldo base es sano. Repito: no tomar de las ganancias (recuerda al vampiro). Además, es una buena estrategia para deducir impuestos, pues los salarios se deducen al cien. Por ejemplo, yo utilizo para mí un salario asimilado, lo que es una maravilla, porque es una deducción muy fuerte para la persona moral y te hacen la retención de forma directa. La persona moral tiene que entregar el dinero, y a ti como persona física se te deposita, ya no te causa un impuesto como individuo y la compañía paga menos impuestos sobre la renta al año. Hay ventajas al tener un sueldo fijo.

INVIERTE EN TI MISMO

Invertir siempre es buenísimo, porque en vez de pagar impuestos, deduces esas inversiones. Caes en un círculo virtuoso: generas más empleos, deduces más, ganas más.

Si tienes un negocio que ya te está dejando muy buen dinero y tienes la idea de abrir otro negocio, puedes comenzar a construir e invertir, y si lo pones a nombre de la misma compañía, todos los gastos de infraestructura son deducibles. Por eso muchas grandes empresas en vez de pagar impuestos mejor abren otra sucursal: eso es fundamental para el crecimiento. Por ejemplo, yo tengo mis hoteles a nombre de una misma empresa, entonces, toda la nómina de albañiles, materiales de construcción, etcétera, son susceptibles a ser deducidos.

Para que puedas deducir estas inversiones es fundamental tener a esos albañiles en el Seguro Social y generar facturas por todo. Nada por debajo del agua. Aquí hay de dos: o gastas o pagas impuestos.

Para que tus gastos sirvan como deducción, debes comprar en empresas formales, que te den comprobantes fiscales derechos.

Si vas a invertir, hazlo de forma dinámica. Si inviertes a plazo fijo obtendrás poco rendimiento y sin crecimiento real.

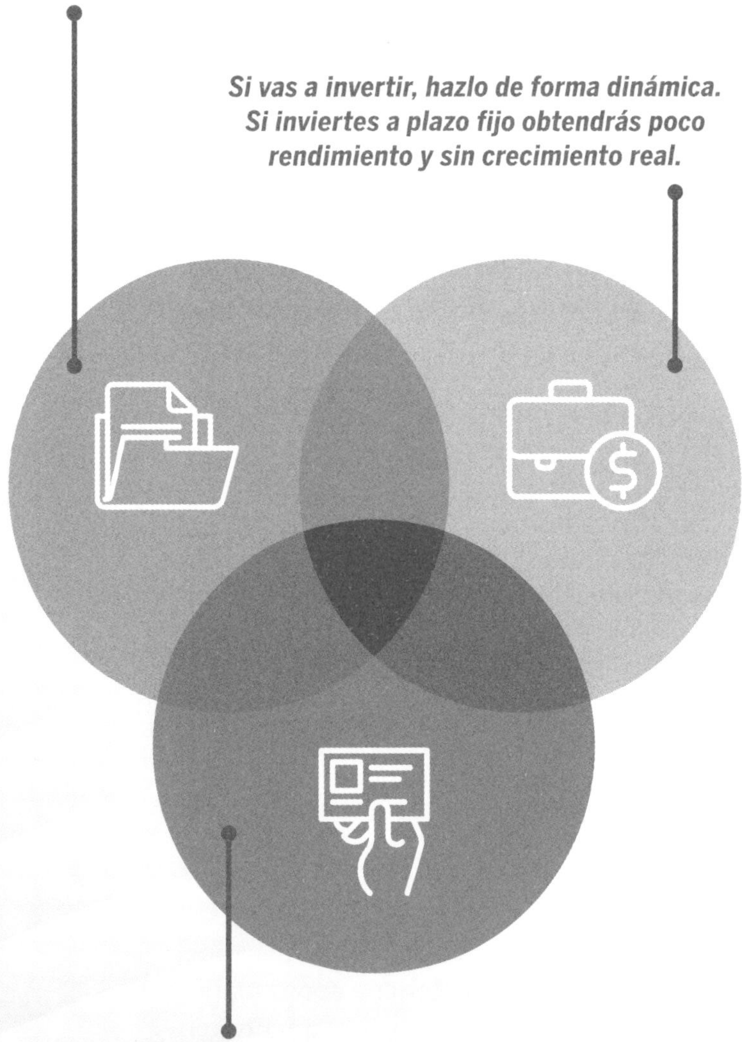

Obtén facturas del arquitecto, del dibujante, del electricista, de todo el mundo. Nada de informalidad porque no reditúa.

No te apegues. Si el negocio pierde, truénalo y busca otro nicho para invertir.

PRUDENCIA AL INVERTIR

Si tu negocio está ganando poco, aunque sea constante, no es tiempo de invertir. Yo ahí me quedaría, metiéndole de a poquito, creando un fondo intocable, aunque luego tenga que pagar impuestos. La mayoría de los grandes empresarios siguen abriendo tiendas, siguen generando empleos, siguen deduciendo. La gente dice que las compañías gigantes son las que pagan menos impuestos, y sí, pero son las que generan más riqueza, porque generan obra, empleo y compras. Si eres un pequeño inversionista, busca programas de beneficios fiscales.

DIVERSIFICAR

Si vas a diversificar, que sea en otro giro, así, si se cae un mercado, ya tienes respaldo en otro. No pongas los huevos en una sola canasta. Hay negocios que tienen cierta duración, yo abrí mi primer restaurante a mis 21 años, pero después empecé con una compañía de teléfonos públicos y casetas de larga distancia, Ahí hice muy buenas ganancia, pero alcancé a detectar la apertura de las comunicaciones celulares y que este gran negocio venía para abajo. Vendí carísimo, me diversifiqué en la hotelería y ahorita mis socios perdieron y yo estoy trepado en un nicho de abundancia.

LAS DIVISAS DEL ARTE

Si pretendes invertir en monedas internacionales, toma en cuenta que en México sólo puedes tener una cuenta en otra moneda si eres una persona moral, y tenerlo guardado debajo del colchón es demasiado peligroso. Es cierto que para que el dólar pierda está difícil, pero siempre hay un riesgo y el rendimiento es muy volátil.

Yo invertiría en tierra o en oro; el arte también es una buena opción. Cuida tu dinero, no te vayas detrás de lo primero que brilla, porque puede ser una ilusión que te lleve a perder. Piénsalo dos veces antes de invertir tu patrimonio en cualquier cosa. No te fíes.

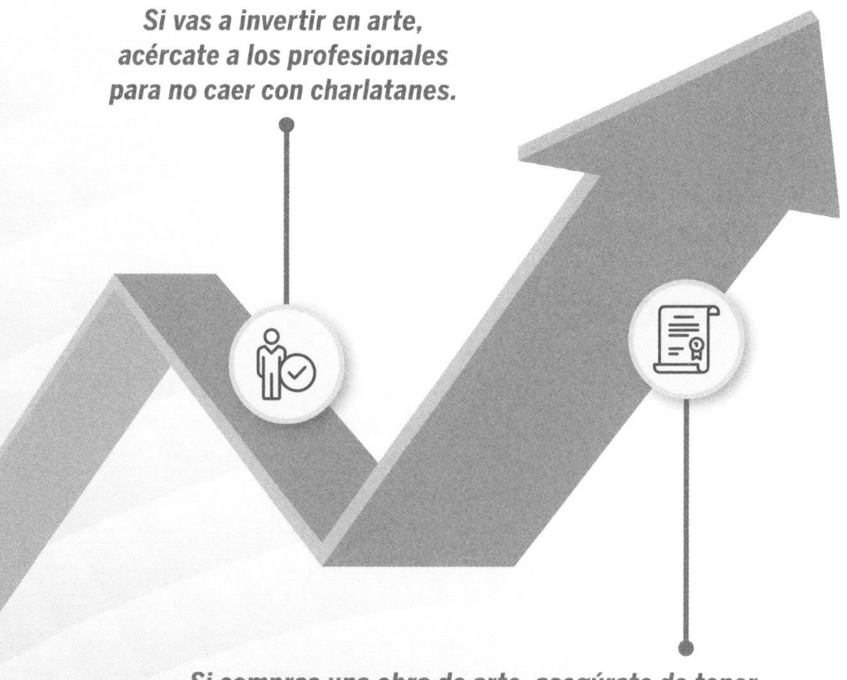

Si vas a invertir en arte, acércate a los profesionales para no caer con charlatanes.
Si compras una obra de arte, asegúrate de tener un papel que compruebe su autenticidad.

BIENESTAR FINANCIERO

Aprender sobre finanzas no se trata de dinero, sino de bienestar para tu empresa, tu familia y para ti. Se trata de darle al universo.

MARK ZUCKERBERG

Es el billonario más joven del mundo, ya que se le ocurrió construir la red social que hoy conocemos como Facebook. Este hombre que asegura ganar sólo un dólar al día como director, que no tiene televisión, que se considera ateo, que no terminó la universidad, y que regala tarjetas de presentación con la leyenda «I'm CEO, bitch», es el ejemplo de muchos de los emprendedores jóvenes.

Zuckerberg se ha convertido en el ganador por antonomasia, debido a su talento, pero también a una estructura legal que ha rechazado cualquier intento de dañarlo.

FACEBOOK

Esta red social es parte esencial en la vida de millones de usuarios, desde los que buscan el simple entretenimiento, hasta los que espantan a su soledad, pasando por otros emprendedores que intentan hacer negocio con contenidos y preferencias.

Las condiciones legales y de seguridad de Facebook son un hito en el mundo virtual. Por ejemplo, ¿sabías que la edad legal para abrir un perfil es de 13 años? Esto es para luchar contra la pederastia y asegurarse de que los usuarios tengan la mínima madurez para discernir entre el contenido. Y ésa es sólo una muestra.

Hemos hablado hasta el cansancio de la necesidad de forjar una estructura legal y financiera que sostenga a una empresa y, ¿aun así no lo has hecho?

Enlista aquí todas las cosas de las que te has perdido por ser informal.

ESO LLAMADO «INFORMALIDAD»

¿Cómo afecta la informalidad a los negocios? ¿Cuáles son los pasos a seguir desde que abres tu empresa hasta contratar al primer empleado? No te conviertas en un hoyo negro.

La informalidad es quitarle al Universo porque no estás pagando impuestos de forma directa, evades cualquier relación de trabajo por escrito y niegas los derechos laborales a tus trabajadores, que no tienen las mínimas prestaciones, como seguridad social, derecho a un préstamo para una vivienda digna, ahorro para el retiro y hasta para interceder por una buena resolución debido a una mala acción con un mal despido. ¿Cómo puede ampararte la ley si legalmente no existes? No eres dueño de tu nombre, de tu logo ni puedes hacer una factura para un cliente.

Si abres un negocio de manera informal, en realidad lo estás abriendo de manera ilegal.

LA FORMALIDAD ES DARLE A TU PAÍS EL SOPORTE PARA INVERTIR EN EDUCACIÓN, SALUD, SEGURIDAD.

DA PARA RECIBIR

Establecer una empresa de manera formal —legal— es invertir en el Universo. Es una obligación como ciudadanos. Cuando tu changarro es un ente irregular, no puedes acceder a préstamos, los inversionistas van a salir corriendo y tus empleados no van a ser fieles a una empresa que no les brinda los derechos más básicos.

La informalidad es el modo *fácil* de hacer las cosas, pero recuerda que lo que fácil llega, fácil se va. Dar mordidas para que la autoridad pase por alto tus negligencias, sólo te llevará a seguir siendo extorsionado toda la vida.

EMPLEADOS SEGUROS TRABAJAN MEJOR

Si comparas lo que te cuesta pagar cinco sueldos formalmente, pagando impuestos, y lo que te costaría hacerlo de forma irregular, es casi lo mismo. La diferencia está en que tus empleados van a ser fieles y más productivos cuando tienen todos sus derechos.

CON LA FORMALIDAD GANAS MÁS, PUES DEDUCES LOS SALARIOS AL CIEN Y PAGARÁS MENOS IMPUESTOS.

CUANDO TUS EMPLEADOS TIENEN SEGURIDAD SOCIAL, EL MIEDO A PERDER LA SALUD NO INFLUIRÁ EN SU TRABAJO.

CUANDO ERES JUSTO CON TUS TRABAJADORES, DISMINUYES EL RIESGO DE QUE ROBEN O SEAN DESHONESTOS.

SOCIOS INFORMALES

Si al comenzar un negocio requieres de socios inversionistas, necesitarás firmar con ellos un contrato que siente las bases de esa relación financiera, pero si no estás debidamente formalizado estarás en desventaja con ellos y eres vulnerable a que te dejen fuera y se queden con lo que te ha costado tanto.

Por otra parte, el establecerte como persona moral ante Hacienda puede hacerte acreedor a beneficios fiscales que, a la larga, traerán comodidad económica a quienes han apostado por ti. La informalidad es un confort pasajero que se desvanece y no te permite crecer.

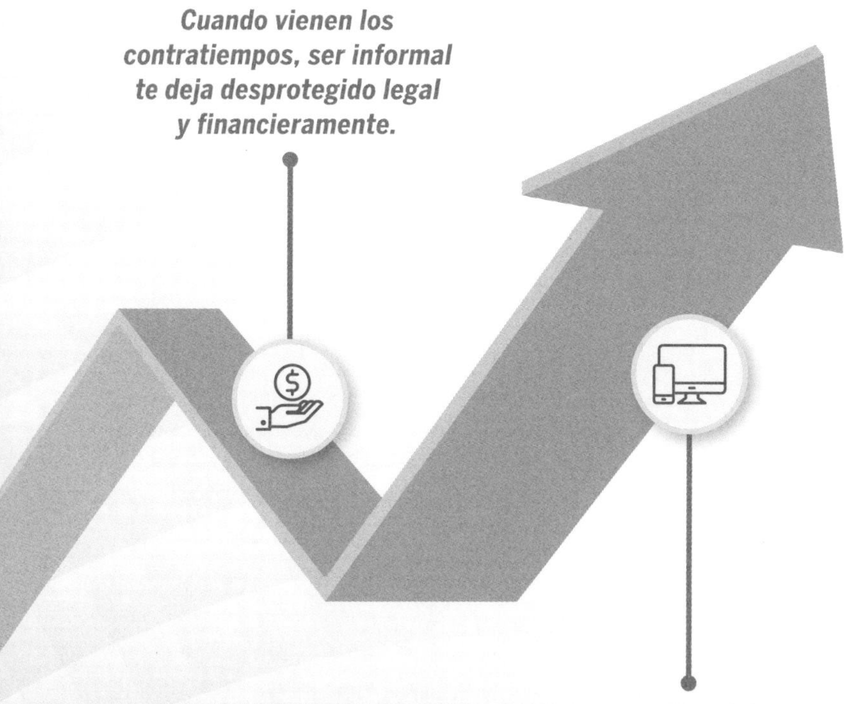

Cuando vienen los contratiempos, ser informal te deja desprotegido legal y financieramente.
Hoy muchos clientes piden factura por un servicio, si no eres formal, puedes perderlos.

COHERENCIA, POR FAVOR

Si tu empresa es informal, ¿cómo le puedes pedir a tus socios y trabajadores que no lo sean?

BILL GATES

Como muchos grandes emprendedores, Gates abandonó la escuela, dejó Harvard, pero tenía un talento más allá de lo normal, así que no lo tomes como pretexto para no prepararte. Bill fundó Microsoft en 1975, una de las dos empresas monstruo en tecnología a nivel mundial.

Este muchacho no era, por mucho, el mejor portado, pues incluso tuvo arrestos por ser un conductor imprudente y no tener licencia. ¿Quizá sólo es un genio distraído? Gates declaró abiertamente que nunca se preocupó por aprender otro idioma, y que a sus hijos no les heredará tanto, para no hacerles daño.

MICROSOFT

Desde su fundación, esta empresa ha revolucionado el mundo. Los más viejos aún recordamos las pantallas verdes de las computadoras en donde había que escribir comandos específicos para poder abrir un archivo, por ejemplo. Pues todo esto cambió cuando apareció el sistema operativo Windows. Hoy, esto parece nada, pero le transformó la cara al mundo.

En esta empresa han trabajado las mentes más brillantes de nuestros tiempos, desde programadores, hasta el que compuso la música de entrada de Windows. Éste es el mejor ejemplo de un buen equipo.

Bill Gates es un tipo brillante y con suerte, pero el hecho de haber dejado los estudios y no saber otro idioma no son ejemplos para un emprendedor.

Escribe aquí por qué crees que no puedes dejarle todo a la suerte:

EL INFIERNO DE LOS PRÉSTAMOS

¿Qué pasa cuando tienes una gran idea y el conocimiento para emprender, pero no dinero para comenzar? ¿O si ya comenzaste y quieres crecer, pero no hay fondos? ¿Pedir prestado?

Los préstamos son terribles porque normalmente vienen de una institución bancaria que te hace firmar un contrato draconiano. No los recomiendo, y menos de agiotistas. Por más bonito que te los pinte la publicidad, son la mejor manera de perder tu casa y tu tranquilidad. Si quieres comprar algo para meterle a la empresa, te recomiendo hablar directamente con el particular, hacer un esquema de pagos y hacer una reserva de dominio. Yo tengo muchísimo miedo de pedirle lana al banco, porque te hace pedazos. Yo compré un departamento con crédito bancario y me terminó costando tres veces más.

¿CUÁNDO SÍ?

Nunca. Ni las tarjetas de crédito, ni los préstamos del banco, ni los créditos hipotecarios. Nada de eso. No caigas.

ENTONCES, ¿DE DÓNDE?

Negocia con proveedores particulares, consigue socios inversionistas o espera a ahorrar más, pero por favor, no te embarques.

¿PRÉSTAMOS FAMILIARES?

Hacer tratos de dinero con amigos y familiares es complicado; si lo haces, estipula las reglas por escrito desde un inicio.

EMPRESA PRESTADA

Si emprendes con un préstamo, prácticamente la empresa es del banco, no tuya, porque les vendes el alma. Si el dinero viene de cuates con intereses mínimos, bueno, no es lo ideal, pero está mejor.

Si ya le pediste al banco, ni modo, intenta hacer pagos anticipados (si te lo permiten) y aguanta. Manejar una empresa con un préstamo reduce ganancias. Tienes que apartar el pago del crédito del mismo modo en que apartas la nómina, los impuestos, los productos que vas a vender: contemplarlo claramente como un gasto más. Y así hasta pagar, ya ni modo, el tiempo que sea.

FINANCIAMIENTO

La mejor forma de conseguir lana es que tu abuelita te la dé sin intereses o conseguir un socio inversionista que vaya en la ganancia y en el riesgo. Si vas a tener un socio, apóyate en una estructura legal eficiente, piensa en todo, piensa mal, porque si no el socio se va a quedar con tu negocio.

Si le vas a entrar a estas aceleradoras de negocios o cosas similares, también ten cuidado, nunca sabes cuándo te vas a encontrar con gente honesta o con tranzas que parecen buena onda. Registra tu idea y que los cimientos legales de la empresa sean adecuados, así estarás a salvo.

No dejes nada a la buena fortuna. Sé desconfiado y anticipa cada movimiento ajeno.

UNA IDEA VALE POR CUÁNTO LE INVIERTES, LA GENTE NO TE LA VA A COMPRAR POR TU LINDA CARA.

Cuando emprendes debes estar preparado para ganar o perder. Si no arriesgas, no lo sabrás.

RIESGOS Y RIESGOS

Hay riesgos calculados y otros que no debes de tomar. Emprender es un riesgo, y sin estructura legal, uno absoluto. La regla de oro es: *papelito habla*. Yo sí soy emprendedor, pero soy emprendedor con buenos abogados, y a mí no me toca nadie: la ley es la ley, y punto. Nadie está por encima de la ley. Si tienes una buena estrategia legal, eres intocable. Hay gente que corre y firma y se apresura para empezar el negocio. La etapa más importante, la que te da tranquilidad por años, es la legal. Al acelerado se lo lleva el tren.

CARESTÍA

La necesidad es la madre de la creatividad, pero también te hace correr desesperado. Primero hay que gatear, después caminar y luego correr, es decir, negociar bien. Quizá te urge comenzar a generar dinero porque no tienes trabajo, pero si haces las cosas al aventón, las empeorarás. Tal vez se te presenta una oportunidad que parece soñada, pero no puedes embarcarte tan fácilmente. Una cosa es no dejar ir el tren, y otra, que por la necesidad ese tren te atropelle. Y peor aún si traes la cruz de un préstamo a cuestas. Un crédito no es dinero extra, tarde o temprano hay que pagar.

TU REALIDAD

Sé sincero contigo mismo y piensa si tienes lo necesario para emprender. Si sí, adelante. Si no, espera, no te aloques, ya lo tendrás.

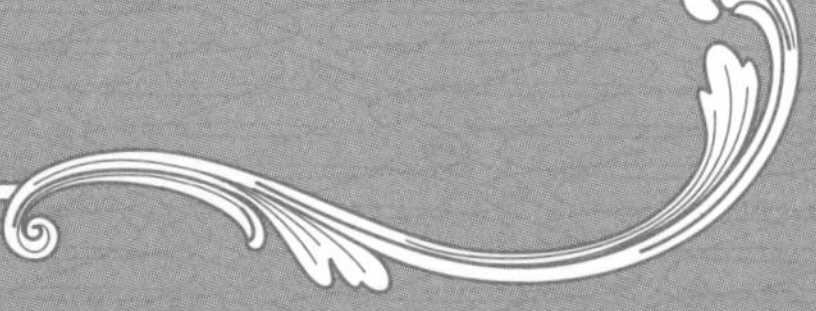

LÍMITES

La prudencia es básica al emprender un negocio, ya que el exceso de entusiasmo al iniciar o al comenzar a ganar dinero puede traicionarte y llevarte a un punto de «no retorno».

El primer límite que tienes que poner cuando haces las cosas es sobre ti mismo, a tus fantasías, porque éstas pueden llevarte a perder el piso. Mantén tus expectativas en contacto con *tu* realidad. Empieza con lo que tengas, de esa manera podrás conseguir un socio, pero si llegas con un negocio que es una locura de inversión, nunca vas a despegar. Si vas a presentar un proyecto, ponte límites, hazlo razonable, hazlo viable, atractivo. No seas pretencioso, no vas a crecer, tienes que hacerlo llamativo. Es importante tener un arranque controlado en tu mente y en tus finanzas.

INVERSIÓN CONTROLADA

Aunque tengas dinero de sobra, inyecta a tu nueva empresa sólo lo necesario. Tranquilo, aterriza. Todo con medida.

GASTAR CON MESURA

No comiences a sacar dinero, no lo tires. Calcula los gastos necesarios y limítate a eso para optimizar los recursos.

AHORRA

Conserva un fondo para gastos inesperados, por si llegan las vacas flacas o hay alguna emergencia de cualquier índole.

LÍMITES OPERATIVOS

Hablemos de límites sencillos y complicados. Por ejemplo, al poner un alto en la salida de efectivo y pagar las contribuciones, tienes que hacer las cosas con técnica, sin tratar de deducir de más, porque si te llega una auditoría vas a tener broncas. Parece sencillo, pero necesitas disciplina.

Pon límite a los tratos con tus empleados, a lo que vas a gastar en mantenimiento y lo que vas a gastar en tu centro operacional. Si no pones estos límites, se los estarás poniendo a tu propia empresa. Fija un porcentaje operacional a tus ganancias para luz, sueldos, renta, etcétera.

LÍMITES PERSONALES

El mundo de los emprendedores está enfermo de autoengaño, es decir, creer sin sustento numérico que todo está bien, y que se sostendrán sólo con ánimo y sonrisas. No camina, y ya lo intentaste todo, no va a caminar nada más por tu briosa actitud.

NO TE DES UN ESTILO DE VIDA QUE TU EMPRESA NO PUEDE SOSTENER. SÓLO AGRAVAS LAS COSAS Y TE MIENTES.

ANALIZA TUS MALOS HÁBITOS Y CÁMBIALOS ANTES DE QUE SEA DEMASIADO TARDE. APRENDE A APRENDER.

SI LAS COSAS VAN MAL, SÉ HONESTO CON TUS SOCIOS, CON TUS EMPLEADOS Y CONTIGO MISMO. NO TE APEGUES.

TU ERES EL JEFE *y el primer* LÍMITE DE TU EMPRESA. *MANTENTE EN LÍNEA* CON LA REALIDAD.

TODO BAJO CONTROL

Siempre he dicho que cualquier negocio o cualquier empresa requiere al principio de una disciplina excepcional, un amarre de cinturón en todos los aspectos: no tocar el dinero y no despegarse del negocio, estar viendo todo lo que va fallando e irlo corrigiendo; si hay que cambiar una pieza, hacerlo a tiempo y no dejar que arruine toda la maquinaria.

No apartes la mirada de los números, si no dan, pon límites de tiempo, de dinero y de trabajo para saber dónde parar o acelerar. Los límites son el molde en el que vacías tu materia prima, y aunque se pueden ampliar, hazlo con prudencia.

FRONTERAS

Tu potencial es ilimitado, pero la vida nos pone fronteras; si hoy no alcanzas a cruzarlas, mañana quizá sí puedas.

MERCADOTECNIA

Este concepto engloba muchas cosas hoy en día y es una herramienta esencial en el mundo moderno. Olvidarlo es estar en desventaja con el resto del mercado y desaparecer del mapa.

Un ejemplo: si montas un negocio de tres estrellas, inviertes para tres estrellas y sueñas con tres estrellas, no lo pongas en una zona más baja o más alta. Parece burdo, pero para eso sirven los estudios de mercado. Es fundamental entender que tienes que armar tu andamiaje en la justa medida de los clientes que buscas, del lugar donde lo pones y de tus recursos.

Una fonda pega en zonas de oficinas; un restaurante de lujo muy bien montado, no. Cada cosa en su lugar. No es que un negocio sea más *bajo* que otro, es que cada uno tiene un nicho adecuado de supervivencia.

GENIALIDAD TONTA

Ya tienes una idea brillante, pero ese chispazo se pierde si no hay inteligencia. Esa inteligencia te la da la mercadotecnia: en qué geografía la voy a desarrollar, cuál es el punto donde mi idea va a florecer, qué público la va a comprar.

Por más brillante que sea tu idea, no va a funcionar sin un entorno adecuado. Comienza haciendo una pequeña investigación. No tiene que ser profesional, tú mismo la puedes hacer. Si quieres saber qué precio le vas a poner a tus servicios, vete a la competencia; checa lo que está pasando a tu alrededor y hasta dónde puedes llegar.

VANIDAD DE VANIDADES

No gastes de más en un negocio que no lo amerita. Si quieres presumir algo lujoso, busca la zona ideal donde pueda florecer de acuerdo con el poder adquisitivo.

¿HACIA QUIÉN VAS?

Cuida que tus precios no sobrepasen a tu tipo de clientela.

Toma en cuenta que el marketing es una inversión, por si puedes guardar una lana al inicio.
Que tu publicidad sea siempre ética, sin engaños, sin falsas promesas ni letras chiquitas.

CONCEPTOS DE HOY

El marketing de una empresa tiene que comulgar con su meta. En el momento en el que nace la idea tiene que nacer el marketing. Depende de qué tanto dinero tengas para invertirle a este rubro puedes gastar en publicidad estratégica. Si nada más tienes para comenzar, haz lo que puedas. Recuerda esta regla de oro: la mejor publicidad es la que tus clientes generan de boca en boca, para bien y para mal.

Palabras como «marketing» o «branding» definen conceptos que deben de estar en la lente de todo emprendedor moderno para mandar al mercado el mensaje correcto sobre su servicio o producto.

REDES SOCIALES

Hoy en día éste es un factor determinante no nada más en el marketing: en la moda, la comida, los hoteles, los coches y en cualquier tipo de cosas *vendibles*. La publicidad va cambiando, evolucionando, y uno como empresario tiene que ir al mismo ritmo.

SI PUEDES, CONTRATA A UN ESPECIALISTA EN REDES QUE POTENCIE TU NEGOCIO VIRTUALMENTE. SI NO, HAZLO TÚ.

RECUERDA QUE LAS REDES SOCIALES PUEDEN DESTRUIRTE SI LA RIEGAS O SI DAS UN MAL SERVICIO. OJO.

INVESTIGA QUÉ LE PREOCUPA A TUS CLIENTES DEPENDIENDO DE SUS PERFILES: SUSTENTABILIDAD, POR EJEMPLO.

CRITERIO

Como puedes ver, un emprendedor es responsable de muchísimas cosas, no nada más de andar presumiendo sus negocios en Facebook. Cuídate de no regarla.

JOHN MACKEY

En su juventud, John Mackey fue hippie y estudió Filosofía y Religión. Asegura que nunca ha comido en un establecimiento de comida rápida.

A los 25 años tuvo que trabajar y abrió su primera tienda de productos vegetarianos junto con su pareja René Lawson, la llamaron Safer Way, la pionera vegetariana en Texas.

Tras algunas dificultades decidió asociarse con Craig Weller y Mark Skiles, dueños de Clarksville Natural Grocery y así crearon Whole Food Market, contando en ese momento con sólo 19 empleados, convirtiéndose en un éxito.

Whole Foods fue adquirida por Amazon en 2017.

WHOLE FOODS

Hoy el mundo exige empresas socialmente responsables y sobre todo, **sustentables**, amables con el planeta que ahora sí, nos está pasando la factura.

Whole Foods es un ejemplo de esto. Es cierto que no todos los nichos de negocio se prestan para ser visiblemente verdes. Un hotel o un restaurante son empresas que pueden hacer notar esta situación, pero otras no; sin embargo, siempre se puede reciclar, reusar y reducir.

John Mackey, el magnate que se bañaba en la cocina de su tienda, terminó ganando 13 700 millones de dólares con su sueño.

La **Alquimia Espiritual** se trata de darle al Universo, pero no sólo en lo financiero. También requiere cuidar al planeta, al ambiente y a nuestros hijos.

Escribe aquí cómo harías a tu empresa más sustentable.

Alquimia para el éxito de Roberto Palazuelos
se terminó de imprimir en mayo de 2021
en los talleres de
Litográfica Ingramex, S.A. de C.V.,
Centeno 162-1, Col. Granjas Esmeralda, C.P. 09810,
Ciudad de México.